Beltz Taschenbuch 74

HORT
VILLA KUNTERBUNT
Ahrensböker Str. 78 • Telefon 04 51 / 4 98 72 16
23617 Stockelsdorf

Über dieses Buch:
Das Darstellende Spiel gewinnt immer mehr Freunde – Rollenspielseminare, Theater-Workshops„ Laienspielgruppen erfreuen sich eines großen Zulaufs. Auch in Schule und Jugendarbeit läßt sich das darstellende Spiel gut einsetzen, es fördert in besonderer Weise die Kreativität, unterstützt die Identitätsfindung und Persönlichkeitsentwicklung und das soziale Lernen.
Das „Drauflosspieltheater" wendet sich als Praxis- und Arbeitsbuch an Erzieher, Sozialpädagogen, Lehrer, Jugendgruppenleiter und Freizeitanimateure. Kompakt wird über die wichtigsten Formen des darstellenden Spiels und die Möglichkeiten der Umsetzung in Kinder- und Jugendgruppen informiert. Spielpädagogische und spieltechnische Hinweise liefern das theoretische Fundament für über 350 originelle Spielvorschläge und ihren richtigen didaktisch-methodischen Einsatz.
Gegliedert nach den Spielformen Personales Spiel, Figurales Spiel und Technisch-mediales Spiel werden Anregungen gegeben, die sich größtenteils ohne lange Vorbereitung oder großen Materialeinsatz umsetzen lassen und zum „Drauflosspielen" auffordern.

Der Autor:
Peter Thiesen, Diplom-Sozialpädagoge, ist Dozent an der Fachschule für Sozialpädagogik in Lübeck. Er hat bereits zahlreiche Bücher zur Spiel- und Sozialpädagogik veröffentlicht und ist Herausgeber und Autor der Reihe „Spielewerkstatt".

HORT VILLA KUNTERBUNT

Peter Thiesen

Drauflosspieltheater

Ein Spiel- und Ideenbuch für
Kindergruppen, Schule und Familie

BELTZ
Taschenbuch

Besuchen Sie uns im Internet:
www.beltz.de

Alle Rechte, insbesondere das Recht der Vervielfältigung und Verbreitung sowie der Übersetzung, vorbehalten. Kein Teil des Werkes darf in irgendeiner Form (durch Fotokopie, Mikrofilm oder ein anderes Verfahren) ohne schriftliche Genehmigung des Verlages reproduziert oder unter Verwendung elektronischer Systeme verarbeitet, vervielfältigt oder verbreitet werden.

Beltz Taschenbuch 74
2000 Weinheim und Basel

© 1994 Beltz Verlag, Weinheim und Basel
Umschlaggestaltung: Federico Luci, Köln
Umschlagillustration: © Heidi Velten, Leutkirch-Ausnang
Gesamtherstellung: Druckhaus Beltz, Hemsbach
Printed in Germany

ISBN 3 407 22074 X

Inhalt

Einleitung 9

Bedeutung und Zielsetzung des darstellenden Spiels 11

Hinführung zum darstellenden Spiel 15

Spielbereiche, Spielformen und Spielvorschläge 18

Personales Spiel 18

Warming-up-Spiele – gesellige Spielformen zur Lockerung und
    Aktivierung 19

Scharaden – Einfall, Abwechslung und Überraschung 33

Pantomimisches Spiel – Darstellungskräfte aktivieren und
    mimische Ausdruckskraft erfahren 39

Stegreifspiel – spontanes dialogisches Rollenspiel,
    gespielter Witz und Sketche 53

Theater – Textspiel vor Publikum 68

Kabarett – menschliche Schwächen durchleuchten 77

Problemorientiertes Rollenspiel – soziales Lernen in der
    „Als-ob-Realität" 80

Planspiel – modellhafte Wirklichkeit 84

Figurales Spiel 92

Figuren- und Puppenarten 93

Handpuppenspiel – Theaterstücke im Kleinen 97

Marionettenspiel – Fantasie, Lebendigkeit und Ausstrahlung .. 109

Schattenspiel – illusionäres Spiel mit Figuren und Personen .. 112

Maskenspiel – Darstellungsform mit Tradition 116

Technisch-mediales Spiel 120

Musik als Bestandteil und Ausdrucksmittel des darstellenden
    Spiels 121

Hörspielgestaltung 131

Audiovisionsspiel mit Kassettenrecorder und Diaprojektor 134

Vor und hinter der Videokamera 137

Gestalten mit Super-8-Film 146

Literaturverzeichnis 151

Das Theater ist die tätige Reflexion
des Menschen über sich selbst.

Novalis

Einleitung

In wohl jedem von uns schlummert der Spieler und Komödiant, der Homo ludens, der nur eines Initialfunkens bedarf, um zum Leben zu erwachen.

Im darstellenden Spiel werden Fantasie, Ideen, kreatives Handeln freigesetzt und eine schöpferische Einstellung gefördert.

Durch Bewegung, Entspannung, aber auch durch Konzentration auf das Wesentliche der jeweiligen Spielform können wir den Alltag ein wenig kompensieren. Im gemeinsamen „Theaterspiel" kommt es zum Trainieren und Reflektieren des sozialen Lernens, zum Gespräch und gemeinsamen Erleben. Dies sind Erfahrungen, die sowohl für Kinder und Jugendliche wie Erwachsene eine Bereicherung darstellen können.

Das „Drauflosspieltheater" wendet sich als Praxis- und Arbeitsbuch an Erzieher, Sozialpädagogen, Lehrer, Jugendgruppenleiter und Freizeitanimateure. Es versteht sich als „kleiner Materialkasten", der kompakt über die wichtigsten Formen des darstellenden Spiels informieren und sie für die Arbeit mit Schüler-, Jugend- und Erwachsenengruppen nutzbar machen möchte. Auch Anregungen für das darstellende Spiel in der Kindergruppe werden gegeben.

Neben einem gewissen spielpädagogischen und spieltechnischen Fundament bietet das Buch über 350 originelle und neue Spiel- und Übungsvorschläge an und gibt Hinweise zu ihrem richtigen didaktisch-methodischen Einsatz. Es möchte dem Leser auch helfen, auf die eigene Spielgruppe angemessen einzugehen und situationsorientiert Spielprozesse zu organisieren.

Bewußt enthält das Buch – abgesehen vom technisch-medialen Spiel – eine Auswahl von Spielangeboten, die ohne großen organisatorischen und zeitlichen Aufwand durchführbar sind, dennoch genügend Gestaltungsraum offenlassen und Perspektiven für eine intensive Beschäftigung mit der jeweils interessierenden Spielform anbieten.

Die Anregungen und Spielvorschläge dieses Materialkastens wurden in zahlreichen Spielstunden mit Kindern im Schulalter, mit Jugend- und Erwachsenengruppen erprobt und haben sich auf entsprechenden Fortbildungsseminaren mit Erzieherinnen und Erziehern praktisch bewährt.

Bei allen pädagogischen und methodischen Absichten müssen Spaß und Freude am darstellenden Spiel den Ausschlag für die Beschäftigung mit diesem Spielbereich geben. Die Darstellungsformen, Inhalte und Techniken werden letztlich durch die persönlichen Neigungen und Einstellungen, Talente und Begabungen der Spieler begründet. Wir sollten die persönlichkeitsbildenden Möglichkeiten des Theaterspiels im schulischen wie außerschulischen Bereich noch stärker nutzen als bisher und die Chance wahrnehmen, das Miteinander etwas freudvoller, wärmer, einfach menschlicher zu gestalten.

Peter Thiesen

Für Florian und Felix
und alle anderen,
die gerne spielen

Bedeutung und Zielsetzung des darstellenden Spiels

Das darstellende Spiel hat in den letzten Jahren immer mehr Freunde gewonnen.

In Volkshochschulen, in der Jugendarbeit und Familienbildung werden Rollenspielseminare und Theater-Workshops angeboten, Laienspielgruppen konstituieren sich.

Auch die Schulen interessieren sich verstärkt für das darstellende Spiel, da sie erkannt haben, daß es in besonderer Weise die Kreativität fördert und die für die Persönlichkeitsentwicklung wichtigen Prozesse der Selbstfindung intensiv unterstützt.

Bayern, Hamburg und Berlin bieten „Darstellendes Spiel" bzw. „Dramatisches Gestalten" als eigenes Wahlfach an. In Baden-Württemberg und Nordrhein-Westfalen wird das darstellende Spiel im Rahmen von Literaturkursen berücksichtigt. In Schleswig-Holstein kann das darstellende Spiel in freiwilligen Unterrichtsveranstaltungen ohne Bewertung angeboten werden. Bremen, Hessen und Niedersachsen haben bisher keine verbindlichen Grundlagen oder Richtlinien vorgelegt.

Im darstellenden Spiel werden die körperlichen und sprachlichen Ausdrucksmöglichkeiten ebenso angesprochen wie der Gefühlsbereich, die Spontaneität und Fantasie der Spieler. In der Begegnung mit anderen, im gemeinsamen Spiel werden soziale Kontakte ausgelöst und gefestigt.

Unter dem Oberbegriff „Darstellendes Spiel" fassen wir die Bereiche personales, figurales und technisch-mediales Spiel zusammen:

1. Personales Spiel

Im personalen Spiel kommt es zur Aktivierung der spielerischen Fähigkeiten in der Gruppe. Der einzelne Spieler wird sensibilisiert sowohl für seine persönlichen Ausdrucksmöglichkeiten als auch für die Wirkung, die sein Spiel auf die Partner (Mitspieler, Gruppe) und auf die Zuschauer hat.

Die Spielformen des personalen Spiels sind Warming-up-Spiele, spontane, von Situationskomik getragene Kleinspielformen, Scharaden, Pantomime, Stegreifspiel, Sketche, Theater, Kabarett, problemorientiertes Rollenspiel und Planspiel.

2. Figurales Spiel

Grundlage des figuralen Spiels ist die jeweilige Spielfigur. Aussagefähigkeit und Charakter der Figuren werden vor allem durch Größe, Form und Mechanismus bestimmt. In Spielversuchen werden die Darstellungsmöglichkeiten, die eine Figur in sich birgt, ergründet.

Spielformen des figuralen Spiels sind das Puppenspiel, Marionettenspiel, Schattenspiel und Maskenspiel.

3. Technisch-mediales Spiel

Im technisch-medialen Spiel geht es darum, räumliche, akustische und optische Situationen und durch Personen getragene Handlungsabläufe in die „Sprache" des jeweiligen Mediums (Musikinstrument, Kassette, Videoaufzeichnung, Film) umzusetzen.

Als technisch-mediale Spiele finden Sie in diesem Buch das Spiel mit selbstgebauten Musikinstrumenten, das Hörspiel, die Spielgestaltung mit der Videokamera und mit dem Super-8-Film.

Das darstellende Spiel ist ein hervorragendes Kommunikationstraining, kreatives und künstlerisches Ausdrucksmittel zugleich. Gestik und Mimik werden erprobt. Die Vielfalt körperlicher Ausdrucksmöglichkeiten wird erfahren. Nachahmungsspiele wie Scharade und Pantomime erfordern eine genaue Beobachtung von Geschehnissen und Personen, um das Gesehene in der Vorstellung zu reproduzieren.

Durch die Nachahmung von Personen wird unwillkürlich die Aufmerksamkeit stärker auf das Verhalten der Mitmenschen gelenkt. Zum einen kann es zur Typisierung kommen, indem bestimmte Verhaltensweisen überspitzt dargestellt werden; zum anderen wird die Differenzierungsfähigkeit trainiert. Beides ist erforderlich, um Verallgemeinerungen und Vorurteile abzubauen.

Beim verbalen Spiel, dem Umgang mit der Sprache, erfahren wir die Wirkungen von Tonfall, Lautstärke, Artikulation, Betonung, Sprechgeschwindigkeit und Sprechpausen. Das Kennenlernen der Ausdrucks- und Modulationsfähigkeit der Stimme wird so zur wichtigen Selbsterfahrung.

In Gesprächen, Diskussionen und Konfliktsituationen kann die Modulationsfähigkeit der Stimme bewußt und gezielt eingesetzt werden. Das Erkennen der eigenen sprachlichen Ausdrucksmöglichkeiten fördert die Fähigkeit des Zuhörens und der Differenzierung, die für ein sinnvolles Kommunizieren unerläßlich ist. Darstellende Spiele als Sprachtraining zeigen auch Möglichkeiten auf, sich vor sprachlichen Manipulationen zu schützen, zumal im Spiel die Vielfalt sprachlicher Ausdrucksmöglichkeiten bewußt erlebt wird.

Darstellendes Spiel als Training sozialen Handelns kommt besonders im problemorientierten Rollenspiel zum Ausdruck. Es ermöglicht den Spielern, erlebte Probleme und Konflikte zu analysieren, zu gliedern und verschiedene Wege der Problemlösung zu erproben.

Die Reflexion einer konkreten oder fiktiven Situation hilft, Aufschlüsse über eigenes Verhalten und Reaktionen der Umwelt aufzunehmen und zu erkennen. Durch vom Spielleiter angeregten Rollentausch können stereotype Rollenauffassungen aufgebrochen werden. Rollenspiel wird somit nicht zum Selbstzweck, sondern bietet konkrete Erfahrungen im Umgang mit Konflikten und möglichen Lösungsformen innerhalb der unmittelbaren Umwelt.

Bei all den genannten pädagogischen Möglichkeiten und Intentionen des darstellenden Spiels soll es dem einzelnen und der Gruppe in erster Linie Spaß bringen.

Darstellendes Spiel bedeutet:

– Alle können mitspielen!
– Spaß am Nachahmen, am Ausprobieren und Experimentieren.
– Lust am Sich-Darstellen und am Darstellen anderer.
– Spaß am Verkleiden.
– Neugierig im positiven Sinne zu sein.
– Einfälle werden spontan umgesetzt.

- Spaß an Sprache, Mimik, Gestik und Bewegung.
- Selbstsicherheit gewinnen und Selbstbeherrschung üben.
- Einfühlungsvermögen wecken und vertiefen.
- Selbst in Aktion treten und Selbsttätigkeit erfahren.
- Freude und Vergnügen im gemeinsamen Spiel mit anderen erleben.

Hinführung zum darstellenden Spiel

Der Spieleinstieg muß vom Spielleiter gut vorbereitet sein. Um auf die Interessen der Spieler eingehen zu können, sollte er mehrere Formen des darstellenden Spiels beherrschen.

Den Spielern wird der Einstieg dann erleichtert, wenn ihre spezifischen Fähigkeiten Berücksichtigung finden, d.h. wenn sie ihre Bewegungen, ihre Sprache und individuellen Bildungsvoraussetzungen einbringen können.

Beim Einsatz des darstellenden Spiels ergeben sich für den Spielleiter einige Fragen, die für seine Selbsteinschätzung wichtig sind:

1. Kenne ich eine große Zahl verschiedener Spielformen und Spiele? Welche Erfahrungen und Kenntnisse bringe ich ein?
2. Kenne ich die Bedürfnisse und Interessen der Spieler? Kann ich eigene Bedürfnisse zurückstellen?
3. Kann ich Spiele ziel-, gruppen- und situationsgerecht einsetzen?
4. Wie kann ich den Spielern helfen, eine unbefangene Beziehung zum darstellenden Spiel herzustellen?
5. Was kann ich tun, damit der einzelne Spieler seine Fähigkeiten in das Spiel einbringt?
6. Wie lassen sich mit einfachen Mitteln Erfolgserlebnisse für den einzelnen Spieler und für die Gruppe ermöglichen?
7. Wie werde ich mit unvorhergesehenen Situationen fertig? Gehe ich empfindsam und behutsam auf die Spieler zu?

Es gibt verschiedene Methoden, Menschen an das darstellende Spiel heranzubringen. Spielen Sie mit einer Gruppe, in der noch keine Spielerfahrungen bestehen, so sollten Sie sich die geselligen Spiele zur Auflockerung und Hinführung (Warming-up) nutzbar machen.

Die Wirkung von Scharaden und pantomimischen Gruppenspielen ist durchaus geeignet, um aus der entstandenen Gesellschaftsspielstimmung zu spezielleren Spielformen überzugehen.

Bei spielunerfahrenen Teilnehmern gilt es, anfängliche Spielhemmungen abzubauen. Bei pantomimischen Ratespielen wird die Konzentration der Zuschauer vorrangig auf die Lösung gelenkt, was es den Darstellern leichter macht, sich vor anderen zu produzieren.

Darstellende Spiele lassen sich frei oder gebunden spielen. Beim freien Spiel sind der Fantasie der Akteure keine Grenzen gesetzt. Beim gebundenen Spiel (z.B. mit vorgegebenem Text) bestehen Regeln, die den Spielrahmen bestimmen. Für eine ungezwungene, angstfreie Atmosphäre ist es wichtig, beim Vertrauten anzufangen. Das Orientieren am „großen" Theater oder das Perfektionismusdenken eines ehrgeizigen Spielleiters wirkt sich am Anfang auf die Spieler eher blockierend aus und nimmt ihnen den Mut. Deshalb sollte die Spielgruppe während der ersten Spielphasen auch die Zuschauer weglassen. Das Darstellen vor fremdem Publikum kann, muß aber nicht immer Ziel sein. Spieltragendes Element ist und bleibt die Spielfreude.

Wer mit einer Gruppe systematisch die Formen des darstellenden Spiels erarbeiten möchte, wird schrittweise versuchen, aufeinander aufbauende Erfahrungen und Erkenntnisse zu vermitteln.

In der spielpädagogischen Praxis hat sich ein vierstufiges Modell besonders bewährt:

Ziele	Spielformen
1. Stufe: Kennenlernen (bei fremden Teilnehmern), Lockerung, „Erwärmung", Aktivierung, Spielfreude/Spaß entwickeln, Einstieg mit einfacheren Spielformen	Interaktionsspiele, Spiele zur Auflockerung, Bewegungsspiele, Warming-up-Spiele (zur Hinführung)
2. Stufe: weiterhin Lockerung und Kennenlernen, Verbesserung der Wahrnehmungs- und Ausdrucksmöglichkeiten, Erwerb spieltechnischer Fähigkeiten, von einfacheren zu schwierigeren Spielformen, vom nonverbalen zum verbalen Spiel	Scharaden, einfache pantomimische Spiele (Ratespiele), pantomimische Übungen, Erzähl- und Diskussionsspiele

3. Stufe:	Verbesserung der Koopera-tion, vertraute Atmosphäre, Vertiefung der Spielbereit-schaft, Erweiterung und Ver-besserung der Spieltechni-ken, Kennenlernen neuer Spielformen	Stegreifspiel, spontane Spiele, Improvisationen, Sketche, dia-logisches und problemorien-tiertes Rollenspiel, figurales Spiel
4. Stufe:	längere Spielgestaltungen, von der schützenden Spiel- und Aktionsgruppe zum Ei-genversuch vor Publikum	Theateraufführungen (persona-les und figurales Spiel), Kaba-rett, technisch-mediales Spiel

Voraussetzung des darstellenden Spiels ist nach wie vor die Beherr-schung von Körper, Sprache, Gestik und Mimik als Träger menschli-chen Ausdrucks. Sie bilden eine Einheit und kommen auch nie unver-mischt vor. Hier ist zuerst Grundlagenarbeit zu leisten. Größere, komplexere und weitergehende Vorhaben wie z.b. das figurale Spiel sollten auf diesen Grundlagen aufgebaut werden.

Darstellendes Spiel bedarf auch der Fähigkeit, vorhandene Spiel-vorlagen und Texte in ihrem Sinngehalt zu erfassen bzw. eigene Spielideen zu entwickeln. Ein weiterer Schritt ist, diese durch unmit-telbare Aufbereitung in Spielhandlungen umzusetzen oder in Entwür-fe umzuwandeln, die diese Spielideen „schaubar" und „hörbar" ma-chen. Höhepunkt aller Bemühungen kann die Darbietung des Spielvorhabens vor einem Publikum sein. Sie lassen die geleistete Grundlagenarbeit und die Fähigkeit zum Zusammenwirken einer Spielgruppe sichtbar werden.

Spielbereiche, Spielformen und Spielvorschläge

Personales Spiel

Die Grundlagen des darstellenden Spiels lassen sich am besten aufbauend im Wechsel von Einzel- und Gruppenübungen vermitteln und einüben.

Zur Einstimmung eignen sich spielerische Übungen zur Darstellung bestimmter Verhaltensweisen. Sie lassen sich mit Spielansätzen verbinden, die das individuelle Ausdrucksrepertoire sichtbar machen. In kleinen Improvisationsübungen können Erfahrungen individueller Ausdrucksmöglichkeiten in den Bereichen Bewegung, Mimik, Gestik und Sprache vermittelt werden. Diese Fähigkeiten können wir in immer neuen Spielsituationen weiter entwickeln, und zwar durch Spielen, Beobachten, Verbessern, Einüben und Variieren. Die einzelnen Tätigkeiten werden in der Gruppe beobachtet und reflektiert.

Haben wir uns mit den Grundlagen des darstellenden Spiels vertraut gemacht, können wir uns – je nach individuellen Möglichkeiten – an spezielle Rollen heranwagen.

Je intensiver sich der Spieler mit seiner darzustellenden Figur gedanklich und im praktischen Spiel auseinandersetzt, um so überzeugender wird die Gestaltung der Rolle sein.

Die Verwirklichung darstellender Spielvorhaben wie etwa des Theaterspiels, setzt auch stets dramaturgische Arbeiten voraus. Hierzu gehören die Auswahl, Bearbeitung, Umformung oder Erweiterung von Texten und Stücken. Weitere Gesichtspunkte sind Fragen zur Ausstattung, zu den Requisiten und Kostümen sowie zum technischen Apparat, zu Geräuschen und zur Musik. Erst wenn alle szenischen Vorgänge reibungslos abgelaufen sind, können wir von einem abgeschlossenen Spielvorhaben sprechen.

Warming-up-Spiele – gesellige Spielformen zur Lockerung und Aktivierung

Am Anfang sollten Spielangebote stehen, bei denen Gruppenmitglieder miteinander in Kontakt kommen, sich kennenlernen und so die Scheu voreinander verlieren.

Warming-up-Spiele haben die Aufgabe, in neuen, spielungeübten Gruppen das Kennenlernen zu beschleunigen, die Atmosphäre aufzulockern, den Spielern beim „Erwärmen" zu helfen, Spielspaß und Spielbereitschaft zu entwickeln.

Die folgenden 26 darstellenden Kleinspielvorschläge wirken auf die Gruppenmitglieder entkrampfend und auflockernd und lassen keine Ängste vor möglicher Blamage aufkommen.

Anfängliche Hemmungen vor dem darstellenden Spiel können bewältigt werden,

- wenn Spielaufbau und Regeln einfach und einprägsam sind, so daß ihre Einhaltung kaum jemanden überfordert;
- wenn alle Spieler zur selben Zeit das gleiche oder nacheinander das gleiche tun;
- wenn der Spaß am Spiel eventuelle Ungeschicklichkeiten oder Fehler überdeckt und vergessen läßt.

Fangen wir also an.

Spielvorschläge:

Aktivitätenblock

Für unser erstes Spiel, das aus vielen einzelnen Aktivitäten besteht, benötigen wir einen Raum, der genügend Bewegungsfläche bietet. Alle Stühle und Tische stellen wir zur Seite. Der Spielleiter gibt jetzt Anweisungen, die von der Gruppe ausgeführt werden sollen. Etwa alle 30 bis 60 Sekunden erfolgt eine neue Anweisung.

Die hier genannten Beispiele lassen sich durch eigene Spielideen der Teilnehmer beliebig erweitern und variieren.

Der Spielleiter:

- Wir gehen gelöst durch den Raum und achten auf uns selbst. Jetzt schauen wir uns die anderen Gesichter an.
- Wir haben in der Lotterie gewonnen und springen vor Freude durch den Raum. Wir springen ganz hoch.
- Wir probieren jetzt verschiedene Gangarten aus. Wir gehen gelöst – gehemmt – rhythmisch – wie eine Marionette – wie ein Wackelpudding – mit einem ganz schweren Koffer...
- Unser Traumschiff ist untergegangen. Zum Glück konnten wir uns auf ein kleines Floß retten. Es ist sehr eng.
- Wir befinden uns in einem fremden Land und begrüßen uns auf eine völlig neue Art.
- Wir gehen gelöst durch den Raum.
- Jeder geht jetzt mit einem großen Stapel höchst kostbarer Porzellanteller durch den Raum.
- Zu zweit wird ein Zeitlupen-Boxkampf durchgeführt.
- Wir suchen uns einen Partner. Einer ist eine Marionette, der andere der „Beweger". Die Partner wechseln die Rollen.
- Wir haben uns verwandelt und sind Tiere auf einem Bauernhof, die Laute von sich geben.
- Wir sind ein Orchester bei der Probe.
- Jeweils 3–5 Spieler bilden eine Maschine, die auch Geräusche von sich gibt.
- Wir gehen müde durch den Raum und befinden uns auf einmal in einer Gegend, in der das Gehen verboten ist. Erfindet neue Arten der Fortbewegung.
- Versetzt euch in einen Zwerg und geht als Zwerg weiter.
- Geht jetzt als Riese weiter.
- Wir stehen uns in zwei Gruppen gegenüber (größere Raumdistanz). Je zwei Spieler nähern sich auf unterschiedliche Weise: in normalem Tempo; schnell – sehr langsam; lachend; räuspernd; hustend; flüsternd; schreiend; so lautlos wie möglich.
- Wir nehmen an einem großen Empfang teil und schütteln viele Hände, immer mehr Hände...
- Alle gehen wieder gelöst durch den Raum.
- Tragt jetzt zu zweit eine Glasscheibe. Vorsicht! Stoßt nicht mit anderen zusammen.
- Auch das noch! Es regnet stark. Je zwei Spieler gehen unter einem recht kleinen Regenschirm.
- Der Regen wird zum Wolkenbruch. Was nun?
- Die Sonne ist wieder da, und wir gehen ruhig im Raum umher.

- Wir treffen Freunde, die wir seit zwei Jahren nicht mehr gesehen haben und begrüßen uns.
- Wir gehen wieder ruhig durch den Raum.
- Je zwei Spieler nähern sich in der gleichen Rolle, z.B. als zwei Catcher – Schlafwandler – Ölscheichs – Einbrecher – Seiltänzer – Schimpansen – Wachsoldaten – Stiere – Tischtennis-Spieler – betrunkene Matrosen – Florett-Fechter – Sheriffs.
- Wir gehen wieder gelöst durch den Raum.
- Die ganze Gruppe ist ein Luftballon. Wir bilden einen engen Kreis, gehen in die Hocke und fassen uns an den Händen. Langsam wird der Ballon aufgeblasen (alle pusten, gehen langsam höher) bis er platzt.
- Wir gehen durch den Raum und verabschieden uns voneinander als wäre es für lange Zeit.

Napoleon trifft Donald Duck

Anläßlich eines sehr großen Festes treffen sich sehr berühmte Persönlichkeiten. Wolfgang Amadeus Mozart kann ebenso dabei sein wie Franz Joseph Strauß, Willi Brandt, Königin Elisabeth II. oder Otto Waalkes. So können Napoleon und Donald Duck aufeinandertreffen oder sich Boris Becker, Asterix und Tarzan unterhalten.

Zu Beginn heftet der Spielleiter jedem Mitspieler mit einer Stecknadel eine ca. 6 x 10 cm große Karte, die den Namen einer prominenten Person trägt, auf den Rücken. Der Spieler selbst weiß nicht, wer er ist.

Haben alle einen Namen erhalten, suchen sie sich Gesprächspartner, um zu erfahren, in wessen „Haut" sie gesteckt wurden. Durch einen Blick auf den Rücken seines Gegenübers weiß der Spieler, mit wem er es zu tun hat.

Gegenseitig werden jetzt Fragen gestellt und beantwortet, die Hinweise auf die „eigene" Identität geben (z.B.: Bin ich ein Mann/eine Frau? Bin ich ein Politiker oder Schauspieler? Lebe ich noch? Handelt es sich bei mir um eine fiktive Figur? usw.). Das Spiel ist beendet, wenn sich alle Spieler selbst erkannt haben. Sollte es für einzelne „Berühmtheiten" zu schwierig sein, sich zu erkennen, kann der Spielleiter kleine Hilfestellungen geben. Der Schwierigkeitsgrad der zu ratenden Prominenten sollte auf die Spielgruppe abgestimmt sein.

Material: Vorbereitete Karten, Stecknadeln.

Begrüßen und Kontakten

Auf dem Fußboden haben wir mit Hilfe von Zeitungspapierbögen Häuserblocks angedeutet. Dazwischen werden Straßen zum Gehen freigelassen.

Der Spielleiter gibt, ähnliche wie beim „Aktivitätenblock", nacheinander verschiedene Anweisungen:

Wir befinden uns in einer Stadt und schlendern durch eine Fußgängerzone. Wir treffen gute Bekannte und begrüßen sie auf verschiedene Arten, wie

– Hände schütteln
– ein Stück mit dem Partner gehen und plaudern
– mit den Füßen begrüßen
– mit den Schultern begrüßen
– die Rücken begrüßen sich
– Nasenspitzen reiben
– an den Ohrläppchen zupfen.

Gemeinsam mit den Spielern finden wir weitere Begrüßungsformen.

Material: Zeitungen

Simultantheater

Sehr spontan geht es bei diesem darstellenden Aufbauspiel zu. Nach einer Musik gehen oder tanzen die Spieler durch den Raum. Sobald die Musik abbricht, ruft ein beliebiger Spieler einen Ort oder Platz, bei dem viele Menschen zusammenkommen, z.B. Fußballplatz, Bahnhof, Krankenhaus...

Nun spielen alle Teilnehmer gleichzeitig (simultan) „Krankenhaus": Ärzte, Schwestern, Pfleger, Patienten, Besucher usw. Nach etwa 3–5 Minuten setzt wieder die Musik ein, dann folgt eine neue Szene.

Geschichte aus der Tüte

Die Spieler sitzen im Stuhlkreis. Der Spielleiter reicht eine Tüte herum mit der Bitte, einen Gegenstand hineinzulegen. Die möglichst gut gefüllte Tüte kommt nach ihrem Rundgang zurück. Jeder Spieler greift jetzt der Reihe nach spontan ein Stück aus der Tüte. Eine Geschichte wird erzählt, bei der alle im Spiel befindlichen Gegenstände eine Rolle spielen. Nach zwei bis drei Sätzen wird das Wort an den Nachbarn abgegeben.

Material: Größere Papier- oder Plastiktüte, verschiedene Gegenstände.

Bildgeschichten

Der Spielleiter legt im Raum eine Reihe Bilder mit verschiedenen Motiven aus (z.b. Menschen, Tiere, Häuser, Landschaften, Maschinen).

Je zwei Spieler haben nun die Aufgabe, sich gemeinsam von den ausgelegten Bildern drei herauszusuchen und eine kurze Geschichte vorzubereiten. Nach etwa zehn Minuten versammelt sich die Gruppe im Stuhlkreis. Jeweils ein Paar legt seine Bilder in der Mitte aus und erzählt seine Geschichte.

Material: Bildmaterial aus Illustrierten, Kalenderblätter, ggf. Papier und
Schreibzeug.

Zeitungsmode

Die Spieler werden in Gruppen zu sechst eingestellt. Für jeden Spieler gibt es vier Bogen Zeitungspapier und zwölf Nadeln. Mindestens zwei Mitspieler sollen in einer festgelegten Zeit verkleidet werden.

Die Verkleideten sollen dann eine ihrer Kleidung entsprechende Pose einnehmen und ein oder zwei wesentliche Sätze sagen, damit die anderen Gruppen erraten können als was sie verkleidet sind.

Material: Zeitungen, Stecknadeln.

Eine Blatwulst bitte

Daß es sich bei der Überschrift um das Wort „Bratwurst" handelt, haben Sie wahrscheinlich sofort erkannt. Bei der „L-Sprache", dem alten Vorurteil, Chinesen könnten kein R sprechen, wird im Spiel der Buchstabe R durch L ersetzt. Wir können auch noch den Buchstaben L durch N ersetzen („Neise fnehen meine Nieder").

Jetzt unterhalten sich zwei Bekannte oder Freunde, wobei sich einer der L-Sprache, der andere der N-Sprache bedient. Sprechen kann man z.b. über die Tagespolitik, sportliche Ereignisse, die liebe Verwandtschaft, über einen Film. Vielleicht tauschen die Gesprächspartner auch das neueste Kochrezept aus. Die Sprechblödelei ist für alle ein herrliches Vergnügen.

Erde und Himmel

Ein Spiel, bei dem es schon einmal wild zugehen kann. Der Spielleiter beginnt, eine Geschichte zu erzählen. Sie handelt von Menschen, die in einer Park- und Wiesenlandschaft spazierengehen. Alle Teilnehmer spielen das nach, was der Erzähler sagt, z.B.: gehen – laufen – hüpfen – Hosen aufkrempeln – jemand anderen Huckepack tragen...

Fällt das Wort „Erde", müssen sich alle Spieler flach auf den Boden legen, fällt das Wort „Himmel", müssen alle Spieler so schnell wie möglich vom Boden wegkommen (sofern vorhanden, auf Stühle und Tische steigen). Der Spieler, der zuletzt den Boden verläßt oder zuletzt liegt, erzählt die Geschichte weiter.

Stell dir vor...

Ein Spiel, das sich besonders an eine erzählfreudige Runde wendet. Nachdem ein Spieler eine „Stell dir vor..."-Überlegung vorgibt, steuern alle Beteiligten weitere Überlegungen bei.

Einige Beispiele:
– Stell dir vor, du müßtest ein Jahr auf einer einsamen Insel leben...
– Stell dir vor, wir müßten die nächsten zwei Jahre ohne Sonnenlicht auskommen...
– Stell dir vor, ab morgen gäbe es kein Benzin mehr auf der Welt...
– Stell dir vor, du könntest die Gedanken anderer Menschen lesen...
– Stell dir vor, du könntest 300 Jahre alt werden...

Achtung, Klappe!

Für dieses lebhafte Spiel muß sich der Spielleiter gut vorbereiten, um als Regisseur eine „Filmaufnahme" zu arrangieren. Von seinem „Drehbuch" hängt das Gelingen ab. Es soll eine Szene aufgenommen werden, bei der alle mitspielen können. Der Regisseur benötigt Darsteller, ein Kamerateam, einen Tonmeister, Beleuchter und Techniker. Damit alle Spaß am Spiel haben und die Szene gelingt, muß der Regisseur schon recht streng mit seinen Darstellern umgehen.

Der Regisseur baut die Szene auf: „Schwarzwaldklinik, 520. Folge, 3. Szene. Krankenhaus – wir benötigen einige Requisiten, z.b. Krankenwagen mit Sirene, Geräte für den Operationssaal. Jetzt brauchen wir Professor Brinkmann und ein Ärzteteam, Krankenschwestern, Patienten, den Hund und die Haushälterin des Professors..." Es liegt am Regisseur, welche weiteren Personen benötigt werden. Alle Anwesenden sollten dabei sein. Die etwas zaghaften Mitspieler können z.b. als „Geräuschemacher" fungieren und für den akustischen Hintergrund sorgen, sobald er benötigt wird.

Nacheinander wird nun mit den einzelnen Darstellergruppen geprobt, bis die Szene filmreif im „Kasten" ist. Sofern der „Ton" nicht geklappt hat, die Beleuchtung oder eine Kamera (keinen Film eingelegt) nicht funktionierte, muß die Szene noch einmal gespielt werden.

Wie schon gesagt: Es liegt am Geschick des Regisseurs, ob aus einer Heimat-, Krimi-, Abenteuer- oder Märchenszene ein Spielspaß für alle wird.

Was war mit Aschenputtel los?

Bei diesem Erzählspiel soll eine Geschichte oder ein Märchen von verschiedenen Standpunkten aus erzählt werden. Dabei muß jeder Mitspieler versuchen, sich möglichst intensiv in seine Rolle hineinzuversetzen.

Unser Beispiel: Das Märchen „Aschenputtel".

Jeder Spieler übernimmt eine Rolle: Aschenputtel, Stiefmutter, Stiefschwestern, Vater, Prinz, Tauben.

Die einzelnen Spieler haben Zeit, sich ein paar Gedanken zu machen und gegebenenfalls in Stichpunkten aufzuschreiben. Dann wird die Geschichte gemeinsam erzählt, wobei jeder die Handlung aus seiner Sichtweise beschreibt. Keine Person soll dabei zu kurz kommen. Gerade für die Nebenpersonen gilt es, mehr eigene Ideen zu entwickeln.

Das „neue" Märchen läßt sich weiter ausfeilen und in eine Theaterfassung bringen.

Verwandlungszentrum

Die Spieler stehen im Kreis. In der Mitte des Kreises befindet sich das „Verwandlungszentrum". Dort beginnt ein Spieler einen „komischen Kauz" darzustellen, z.b. ein nervös um sich schauendes Nervenbündel. Auf diese Weise geht er auf einen Mitspieler aus dem Kreis zu. Dieser übernimmt die dargestellte Rolle, geht bis zum „Verwandlungszentrum" und entwickelt dort eine neue verschrobene Figur.

Variation: Verschiedene Tiere werden in Bewegung und Lauten dargestellt. Oder: Der Spielleiter hat für einen Kassetenrecorder oder Schallplattenspieler mit flotter Musik gesorgt. Die Spieler stehen im Kreis. Einer von ihnen beginnt nach der Musik bestimmte Bewegungen auszuführen, die von allen anderen Spielern nachgemacht werden. Der „Bewegungserfinder" deutet nach einiger Zeit auf einen anderen Spieler, der nun neue Bewegungen kreiert.

Liliputaner

Unheimlich komisch geht es beim „Liliputaner" zu, der von zwei Spielern dargestellt wird und z.B. eine Begrüßung vornimmt, ein Gedicht aufsagt oder eine Ansprache, ein Referat hält.

Ein Spieler steht hierfür bei einem Tisch und hat seine Hände in Schuhe gesteckt, die auf dem Tisch stehen. Er hat auf dem Oberkörper eine Strickjacke so hängen, daß deren Knöpfe am Rücken sind. Ein zweiter Spieler kniet hinter dem ersten, schlüpft mit den Armen in die Jackenärmel und spielt nun so – von vorne gesehen – die Arme des Liliputaners, die sich mal an die Stirn, das Kinn oder die Nase fassen, sie ab und zu kratzen, gestikulieren, eine Schachtel öffnen, ein Bonbon in den Mund stecken usw. Eine wirklich komische Geschichte. Damit die Zuschauer nicht sehen, was sich hinter dem Tisch abspielt, ist er mit einer Decke bedeckt, die bis auf den Boden reicht.

Weltraum-Expedition

Die Spielgruppe ist mit einem Raumschiff auf einem unbekannten Planeten gelandet. Kleingruppen von jeweils drei Spielern verlassen das Raumschiff und somit den Spielraum, um Beweise zu sammeln, daß hier ein menschliches Leben möglich (2. Spielfassung: nicht möglich) ist. Die Beweise müssen mitgebracht und erklärt werden. Für die Expedition stehen jeder Gruppe fünf Minuten zur Verfügung.

Ansager-Test

Für die Nachrichtensendungen des Fernsehens werden neue Ansager und Moderatoren gesucht. Einstellungsvoraussetzung ist das Bestehen des „Zungenbrecher"-Tests.
Mehrere Kandidaten aus der Gruppe stellen sich dem Wettbewerb. Jeder Spieler erhält einen Zettel, der Schnellsprechsätze wie diese beinhalten kann:

– Zwischen zwei Zwetschgenzweigen zwitscherten zwei Schwalben.
– Metzger wetz dein Metzgermesser.
– Die Schleißer schleißen wohlgeschlissene Schleißenscheite.
– Blaukraut bleibt Blaukraut und Brautkleid bleibt Brautkleid.
– Die buntbemalten Bürsten mit schwarzen Borsten bürsten besser als die Bürsten mit weißen Borsten.

Es können auch Nachrichtentexte aus einer Tageszeitung ausgeschnitten und den Kandidaten vorgelegt werden. Besonders anstrengend dürfte es z.B. beim Verlesen der Vor- und Zunamen einer koreanischen Fußballmannschaft werden. Wenn alle Spieler einverstanden sind, können wir alle Ansagen mit einem Kassettenrecorder aufzeichnen und wieder abspielen. Der Reiz des Spiels wird so erhöht.

Eigenschaften raten

Jeweils ein freiwilliger Spieler wird nach draußen geschickt. Die anderen Mitspieler suchen sich gemeinsam ein Eigenschaftswort, das der wieder hereingeholte Spieler durch Fragen erraten soll. Dabei müssen die Mitspieler in einer Art antworten, die für das gesuchte Wort bezeichnend ist. Hat sich die Spielrunde z.B. auf das Wort

„nervös" geeinigt, würden die Mitspieler ihre Antworten unruhig, fahrig, unkonzentriert, eben nervös geben.

Andere Wörter können z.b. „vornehm", „gehemmt", „leidend", „arrogant", „schwerfällig", „unhöflich" sein.

Geräusche raten

Für dieses Spiel benötigen wir eine Stellwand oder ein zwischen Zuhörern und Akteuren gespanntes Tuch (z.b. in einer geöffneten Tür). Eine Gruppe führt nun der anderen Geräusche einer kurzen Handlung vor, die von den Hörern erraten werden müssen.

Beispiele: Beim Zahnarzt, auf dem Bahnhof, im Krankenhaus, beim Masseur, in einer Hotelküche, beim Friseur, usw.

Die Hörer machen sich Notizen. Welche Handlungen wurden erkannt?

Material: 1 Laken (Stellwand), Papier, Schreibzeug.

Prominententelefonat

Zwei Spieler verlassen den Raum und verabreden draußen ein „Telefongespräch", bei dem jeder eine prominente Persönlichkeit darstellt. Es kommt bei dem Spiel nicht darauf an, ob diese Persönlichkeiten in ihrem wirklichen Leben jemals Kontakt miteinander hatten. Goethe kann z.b. mit Hildegard Knef telefonieren, Helmut Kohl mit Alice Schwarzer, Cäsar mit Erich Honnecker oder Johann Sebastian Bach und Nina Hagen. Nach etwa drei Minuten betreten die beiden Spieler den Raum und beginnen ihr Gespräch, ohne dabei ihre ausgewählten Namen zu nennen.

Das Gespräch kann je nach Temperament der dargestellten Persönlichkeit durch Gesten und Mimik untermalt werden. Die beiden Anrufer sollten es den Mithörern nicht zu einfach machen, damit die Spannung möglichst lange erhalten bleibt.

Material: ggf. 2 beliebige Gegenstände (Dose oder Schuh) als Telefone.

Das Ballonfahrerspiel

Bei diesem Spiel geht es darum, möglichst gut zu argumentieren, sich durchzusetzen und originelle Einfälle zu äußern. Wir benötigen vier freiwillige, mutige Spieler, die zu einer Ballonfahrt starten. Dafür rücken wir in der Mitte eines Stuhlkreises vier Stühle zusammen. Die Ballonfahrer sitzen sich gegenüber.

Nachdem der Fesselballon auf eine Höhe von 4000 Metern gestiegen ist, stellt die Besatzung fest, daß sich im Ballon ein Loch befindet, das unweigerlich zum Absturz aller Passagiere führen wird, wenn nicht vorher jeweils ein Mitfahrer aussteigt. Im gemeinsamen Gespräch haben die Insassen nun Gelegenheit, ihre Mitfahrer von ihrer eigenen Wichtigkeit zu überzeugen. Dabei darf kräftig aufgeschnitten und geflunkert werden. Nach jeweils drei Minuten entscheiden die Mitspieler (Variante: die Zuschauer), wer den Ballon verläßt und zwar solange, bis noch ein Passagier übrig ist.

Am Ende des Spiels sollten alle Teilnehmer – Ballonfahrer und Zuschauende – kurz darüber sprechen, nach welchen Gesichtspunkten sie die einzelnen Ballonfahrer vorzeitig aussteigen ließen.

Nordseeüberdachung

Wer Spaß an „höheren Blödeleien" hat, dem werden Nonsens-Gespräche besonderes Vergnügen bereiten. Hier kann man verrückte Ideen produzieren, die freie Rede üben und seine Schlagfertigkeit unter Beweis stellen.

Vor Gesprächsbeginn können Rollen verteilt und Parteien gebildet werden. Die Spieler können sich ihre Rollen aber auch erst im Spiel suchen.

Törichte, spinnerte Themen für Nonsens-Runden könnten z.B. sein:

- Welche Vorteile bringt die Nordseeüberdachung?
- Hat Johann Sebastian Bach oder Donald Duck der Menschheit einen größeren Dienst erwiesen?
- Welche Gemeinsamkeiten haben Elektrozahnbürste und Schallplatte?
- Was macht die Uhr, wenn sie keine Zeit hat?

Sicher fallen der Gruppe weitere „unmögliche" Themen ein.

Variation: Nonsens-Themen lassen sich auch als „Expertenvortrag" halten. Am Ende seines hochqualifizierten Vortrages bittet der Redner das Auditorium, Fragen zu stellen, auf die er mit „überlegener Sicherheit" ausführlich eingeht.

Knoblauch und Kathalysator

Um Kombinationsgabe, Sprachgewandtheit und originelle Ideen geht es bei diesem Spiel. Ein Stegreifredner zieht zwei Zettel, auf denen jeweils ein Thema steht, das mit dem anderen nichts zu tun hat. Innerhalb einer festgelegten Zeit soll der Redner eine sinnvolle Überleitung von einem Thema zum anderen finden.

Beispiel: Der Redner zog die Themen „Knoblauchkapseln verlängern unser Leben" und „Wohin mit den Kathalysatoren, wenn sie aufgebraucht sind?" Ob es dem Spieler wohl schwerfällt, hier gedankliche Verbindungen herzustellen?

Es empfiehlt sich, an mehrere Spieler gleichzeitig vorbereitete Themenzettel auszugeben.

Material: Vorbereitete Zettel mit verschiedenen Themen.

Marktschreierspiel

Wir befinden uns auf einem Wochenmarkt, auf dem die Marktschreier versuchen, ihre Produkte möglichst wortgewandt an die Besucher zu bringen.

Für unser Spiel lassen wir vor Beginn im Teilnehmerkreis x-beliebige Gegenstände sammeln. Hieraus können sich dann zwei Spieler je einen Gegenstand suchen, den sie der hochverehrten Kundschaft als ihre Ware anpreisen. Es versteht sich wohl von selbst, daß der angebotene Gegenstand ganz besondere Vorzüge besitzt.

Wer erweist sich als besonders ausdauernder Anpreiser seiner Ware? Welcher Händler muß zuerst lachen?

Material: Beliebige Gegenstände, die gerade zur Hand sind.

Hyde Park Speaker

Diese auf der ganzen Welt bekannte englische Idee sollte in unserem Repertoire darstellender Spiele nicht fehlen. Ein freiwilliger Spieler stellt sich auf einen Stuhl, besser noch auf eine stabile Kiste und redet über ein selbstgewähltes Thema. Die Zuhörer dürfen ihn unterbrechen, nachdem er die Grundzüge seiner Rede oder Meckerei dargestellt hat. Es kann um den „Sittenverfall in Mitteleuropa" gehen oder um die „Abschaffung der Steuer für Nichtdenker". Dem Redner sind keine Grenzen gesetzt.

Um den Spielspaß zu erhalten, sollte sich die Gruppe vor Spielbeginn darauf einigen, keine politischen Grundsatzdiskussionen zu führen.

Realisten und Utopisten

Für dieses Spiel, bei dem es um geschicktes Argumentieren geht, werden zwei gleichgroße Spielgruppen (2–3 Teilnehmer) gebildet. Die eine Gruppe verkörpert Menschen mit einer sehr realistischen und die andere Menschen mit einer recht utopistischen Weltanschauung.

Über ein zu Beginn festgelegtes Thema (z.B. Mehr Lebensqualität durch das Auto?) wird für 10 Minuten diskutiert, wobei jede Gruppe ihre Argumente zu vertreten hat. Am Ende entscheiden die Zuhörer oder eine gewählte Jury über die mehr oder minder stichhaltigen Argumente.

Psychodramatische Diskussion

Bei diesem Spiel müssen sich die Teilnehmer auf eine ungewohnte Sprachrolle und Situation einstellen.

Jeder Spieler eignet sich ein bestimmtes Sprachverhalten an, wozu der Spielleiter vorbereitete Zettel ziehen läßt, durch die jedem Mitspieler ein bestimmtes Sprachverhalten vorgegeben wird:

– überheblich	– schneidend, zackig
– zurückhaltend, schüchtern	– betont vornehm
– nervös, hektisch	– sehr zerstreut
– wütend, aggressiv	– klagend, weinerlich
– zärtlich, sanft	– „Kraftsprache"
– gewöhnlich	– betont albern
– sehr gelangweilt	– ironisch

Die sprachliche „bunte" Teilnehmerrunde einigt sich auf ein Diskussionsthema (z.B. „Ist Bio-Kost gesünder?" oder „Welche Mode ist die richtige?"), über das sie etwa 10 Minuten miteinander sprechen – und zwar jeder Spieler in dem ihm vorgegebenen Sprachverhalten.

Am Ende des Spiels wird die Gruppe sicher das Bedürfnis haben, auf die erlebten Sprachrollen und ihre Wirkungen einzugehen.

Variation: Auf Zetteln werden Charaktere vorgegeben: Helfertyp, Pessimist, Schwätzer, Dummkopf, Diktator, Optimist, Besserwisser, usw.

Foto, Film und Radio

Jeweils 4 Spieler ziehen Kärtchen mit derselben Tätigkeit (z.B. essen, autofahren, abwaschen, Schreibmaschine schreiben, duschen...).

Die Spieler sollen jetzt zeigen, wie diese Tätigkeiten

- auf einer Fotografie aussehen,
- im Stummfilm
- und im Tonfilm dargestellt werden,
- sich als Hörspiel im Radio präsentieren lassen.

Zirkusvorstellung

Mit etwas Mut zur Improvisation führen wir eine Zirkusvorstellung auf, an der alle beteiligt sind. Akteure und Zuschauer bilden eine Spielgruppe.

Der Spielleiter als Direktor (mit großem Schnurrbart) kündigt mit wortgewaltiger Stimme die sensationellen Nummern an.

So können z.B. auftreten:

- Ein oder zwei Clowns (ausgelassen, tolpatschig, nachdenklich oder melancholisch).
- Die Seiltänzerin (mit Schirm auf einem am Boden liegenden Seil hin und her balancierend).
- Der stärkste Mann der Welt „Mr. Bizeps". Er stemmt drei Luftballons auf einmal. Da bleibt den Zuschauern die Luft weg.
- Ein indischer Schlangenbeschwörer lehrt uns das Gruseln mit seinen Krawatten-Schlangen, die er teils mit der bloßen Hand, teils mit einer Flöte (die über einen Faden mit der „Schlange" verbunden ist) aus einem Karton hervorlockt.

– Es darf auch nicht der mutige Dompteur fehlen, dessen hypnotischer Blick und kleine Peitsche drei überaus gefräßige Löwen zu bändigen weiß.
– „Herr Smörrebröd", der dänische Wassertrinker kündigt mit großem Brimborium an, ein halbes Glas Wasser in einem einzigen Zug auszutrinken.
– Es folgt der Flohdresseur. Er läßt uns anhand seiner Kopfbewegungen an den halsbrecherischen Kunststücken seiner schier unsichtbaren Lieblinge teilhaben.
– Das Zirkusorchester (mit Dirigent) sorgt für Musik, Tusch und Trommelwirbel (auf beliebigen Gegenständen zum Playback von Kassettenrecorder oder Schallplattenspieler).
– Ein Bauchladenhändler geht durchs Publikum und verkauft Programme, „Klatsch- und Lachtabletten".
– Die Zuschauer klatschen, prüfen ungläubig die Muskeln von „Mr. Bizeps", bekommen Angst bei der Löwennummer, staunen, lachen oder pfeifen. Zuschauer ist immer, wer gerade nicht selbst in der „Manege" auftritt.

Die Zirkusnummern lassen sich beliebig erweitern. Gespielt wird, so lang Lust und Laune in der Gruppe vorhanden sind.

Material: Verkleidungskiste, ggf. Schminke, Seil, Kartons, Wasserglas, Kassettenrecorder mit entsprechenden Musikaufnahmen.

Scharaden – Einfall, Abwechslung und Überraschung

Das Scharadenspiel ist eine der ältesten Unterhaltungsformen. Im weitesten Sinn verstehen wir unter Scharaden „gespielte Silbenrätsel", die meist pantomimisch mit mehreren einzelnen „lebenden Bildern" dargestellt werden. Durch das Vorspielen und Raten erfolgt eine unmittelbare Kontaktaufnahme zwischen Darsteller und Zuschauer. Beide sind Partner. Das Scharadenspiel reicht von der einfachen, geselligen Spielform mit „Auftau"-Charakter bis zur anspruchsvollen, künstlerisch feingliedrigen Darstellung. Bei der Beschäftigung mit dieser Spielform werden die Fantasie, Abstraktions- und Kombinationsfähigkeit und das Darstellungsvermögen gefördert.
    Wir unterscheiden einfache und schwierige Wort-Scharaden, Scharaden mit kurioser Silbentrennung, Lieder-, Buch- und Filmtitel-

Scharaden, Buchstaben-Scharaden, bei denen ein Wort in seine einzelnen Buchstaben zerlegt wird, Städte- und Ortsnamen-Scharaden, Scherz-Scharaden und aus Sprichwörtern und Redensarten bestehende Scharaden. Der Fantasie der Spieler sind praktisch keine Grenzen gesetzt.

Der Schwerpunkt der gespielten Scharade liegt in der gespielten Darstellung. Sie bietet die Möglichkeit, in klarer, knapper und anschaulicher Aussage Begriffe, Zusammenhänge und Szenen kurz und bündig, aber interessant und spielerisch bewegt darzustellen.

In ihrem „Werkbuch für Scharadenspieler" raten T. Budenz und E.J. Lutz davon ab, durch verschleiertes Spiel oder komplizierte Szenenfolgen den Zuschauer „reinlegen" zu wollen. Weiter heben sie hervor: „Vielmehr soll sich jedes Spielteam bemühen, das Rätselwort klar, sinngemäß und durchschaubar darzustellen. Es ist nicht die Dummheit seitens der Zuschauer, wenn ein Scharadenwort nicht erkannt wurde, sondern Ungenügen seitens der Spieler. Deshalb wollen wir grundsätzlich beachten: Jede Scharade, die nicht erraten wird, wurde schlecht gespielt."

Es spricht sehr viel dafür, Scharaden pantomimisch zu spielen, da bei improvisierten Sprechszenen die Gefahr des Zerredens und vorherigen Bekanntgebens besteht. Die Scharade ist eine gesellige Spielform, die Einfallsreichtum und Abwechslung verlangt und von der Überraschung lebt.

Der Spielleiter beim Scharadenspiel

– sorgt für eine gelöste und freundliche Atmosphäre;
– motiviert die Spielgruppe durch eigene Beispiele;
– gibt eine kurze Einführung in das Wesen der Scharade;
– beschreibt die Art der Scharade und hilft beim Szenenaufbau;
– gliedert, wenn nötig, die Szenen auf und faßt zusammen;
– gibt Hilfestellung und deutet an, wo die Lösung zu finden ist;
– stellt gegebenenfalls Hilfsmittel und Spielmaterial zur Verfügung;
– achtet darauf, daß vorschnelle Erkenntnisse der Zuschauer bis zum Schluß zurückgehalten werden.

Die zu spielenden Begriffe können auf Zetteln vorbereitet und dann gezogen werden. Der Spielleiter kann aber auch einem einzelnen Spieler oder einer Gruppe Aufgaben zuflüstern, die spontan gespielt und von den Zuschauern geraten werden. Dies verlangt vom Spielleiter, sich mit genügend Begriffen aus den verschiedenen Scharadeformen einzudecken. Haben die Spieler das Prinzip der Scharaden er-

34

kannt, sollten sie sinnvollerweise selbst Begriffe entwickeln und darstellen.

Spielvorschläge:

Einfache Wort-Scharaden

Für den Spieleinstieg eignet sich besonders gut die szenische Darstellung zusammengesetzter Hauptwörter.

Beispiele:

Au / tor
Verlag(s) / leiter
Buch / händler
Heu / schnupfen
Apfel / kuchen
Tennis / ball
Tank / stelle
Klapp / fahr / rad
Spiegel / ei
Kinder / garten
Hoch / schule
Bank / räuber
Schau / spieler
Spiel / leiter

Trink / geld
Schall / platten / spieler
Zucker / rübe
Boden / vase
Zucker / hut
Wein / berg / schnecke
Hosen / träger
Zwiebel / schneider
Salat / besteck
Versand / haus
Durch / fall
Finanz / amt
Kugel / schreiber
Gänse / blümchen

Etwas schwierigere Wort-Scharaden

Finanz / beamter
Lebens / künstler
Bauch / speichel / drüse
Immobilien / makler
Nerz / öl
Henkers / mahlzeit
Jugend / liebe

Nerven / säge
Gedächtnis / störung
Einflug / schneise
Hans / wurst
Ab / laß
Brems / flüssigkeit
Pantoffel / held

35

Kuriose Silbentrennung

Das typische Merkmal der echten Scharade ist die kuriose Silbentrennung, bei der sich die Spieler keineswegs nach dem Duden richten müssen.

Hier einige Beispiele „gewaltsamer" Silbentrennung:

Sport + Tanz + Zug = Sportanzug
Rang + Gier + Bahn + Hof = Rangierbahnhof
Zahn + Paß + Tee = Zahnpaste
Klee + Ruß = Klerus
Vers + ich + Ehrung = Versicherung
Mut + Teer + Tag = Muttertag
Aal + Teer = Alter
Paß + Tor = Pastor
Pferd + Ei + Tiger = Verteidiger
Naht + Uhr = Natur
Paar + lahm + Ente = Parlamente

Lieder-, Buch- und Filmtitel

Eine Fülle von Anregungen bieten Lieder-, Buch- und Filmtitel, die in der Regel pantomimisch dargestellt werden.

Beispiele:

– Weißt du wohin...
– An der Nordseeküste...
– 99 Luftballons...
– Da steht ein Pferd auf'm Flur...
– Quo vadis? (Wohin gehst du?)
– Die Blechtrommel
– Deutschstunde
– Der weiße Hai
– Arsen und Spitzenhäubchen
– Über den Dächern von Nizza
– Goldfinger
– Die unendliche Geschichte

Städte- und Ortsnamen

bieten unerschöpfliche Darstellungsmöglichkeiten für den Scharadenspieler:

Beispiele:

Frei / burg	Eber / bach
Freuden / stadt	Harz / burg
Wies / baden	Land (s) / hut
Offen / bach	Mann / heim
Karls / ruhe	Frank / furt
Sege / berg	Pass / au
Wald / kirch	Furt / wangen
Schall / stadt	Grün / berg
Lau / bach	Würz / burg

Scherz-Scharaden

sind kurze launige Darstellungen, die in der Regel von einem einzelnen Spieler präsentiert werden.

Beispiele:
Bildhauer (ein Bild/Foto/Zeichnung wird geschlagen)
Lektor (an einem Tor lecken) Lektüre (an einer Tür lecken)
Fachlehrer (leere Schublade aufziehen)
Schloßbeleuchtung (brennendes Streichholz oder Feuerzeug wird an ein Türschloß gehalten)
    Sicherlich fallen Ihnen weitere Eulenspiegeleien ein.

Buchstaben-Scharade

Wir zerlegen ein Wort in seine einzelnen Buchstaben. Es werden dann einzelne Szenen gespielt, deren Inhalte mit diesen Buchstaben beginnen.
    Zu lange Wörter sollten wir nicht zergliedern, da das Spiel sonst an Reiz verliert, langatmig wird und die ratenden Zuschauer langweilt.

Beispiele:

Rosa   R = Rose / O = Ofen / S = Schaufel / A = Aal
Anna   A = Apfelsine / N = Nagel / N = Nase / A = Akte
Florian F = Fenster / L = Lampe / O = Ohr / R = Radio /
        I = Igel / A = Apfel / N = Naht
Auto   A = Alphorn / U = Unterführung / T = Tasche /
        O = Opernsänger(in)

Damit dem Zuschauer bei der Buchstaben-Scharade der „rote Faden"
erhalten bleibt, müssen die Spieler vorher die Spielbarkeit des Wortes
einmal durchkomponieren.

Sprichwörter und Redensarten

Der Schwierigkeitsgrad der Sprichwörter und Redensarten orientiert
sich an der Zusammensetzung der Spielgruppe.

Beispiele für Einzeldarsteller:
– Neue Besen kehren gut.
– Man ist so alt, wie man sich fühlt.
– Probieren geht über Studieren.
– Wer anderen eine Grube gräbt, fällt selbst hinein.
– Jemandem das Fell über die Ohren ziehen.
– Eine Gardinenpredigt halten.
– Etwas auf die „leichte Schulter" nehmen.
– Das Kind mit dem Bade ausschütten.
– Die Katze aus dem Sack lassen.
– Jemand an der Nase herumführen.
– Sich ins Fäustchen lachen.
– Ein Auge auf jemand werfen.

Beispiele für Gruppendarstellungen:
– Wer viel fragt, erhält viele Antworten.
– Ein Narr kann mehr fragen, als zehn Weise beantworten können.
– Wer zuletzt lacht, lacht am besten.
– Der Apfel fällt nicht weit vom Stamm.
– Jemanden an der Nase herumführen.
– Den letzten beißen die Hunde.
– Von Mund zu Mund gehen.

Damit es nicht zu allzu intellektualistischen Lösungen kommt, sollten die Redensarten so wörtlich wie möglich ausgespielt werden.

Pantomimisches Spiel – Darstellungskräfte aktivieren und mimische Ausdruckskraft erfahren

In der römischen Antike galt die Pantomime als beherrschende Theaterkunst. Auch wenn es Zeiten gab, in denen sie in Vergessenheit geriet, hatte jedes volkstümliche Theater auch immer einen starken Anteil pantomimischer Elemente. Im dramatischen Gestalten und im Schultheater der letzten Jahre ist die Pantomime als künstlerisches Ausdrucksmittel von raffinierter Einfachheit wieder neu entdeckt worden.

Das Wort Pantomime stammt aus dem Griechischen und bedeutet soviel wie „alles nachahmend". Während Griechen und Römer mit dem Wort Pantomime nur die Schauspieler meinten, wird der Begriff heute sowohl für den Akteur als auch für das Spiel verwendet.

Wie alle darstellenden Aktionsformen ist die Pantomime eine Kunst des Augenblicks. Sie ruft Charaktere und Typen ins Leben, läßt Stimmungen entstehen und so Situationen in der Fantasie des Zuschauers reifen, die in Wirklichkeit nicht auf der Bühne vorhanden sind. Mittelpunkt der Pantomime ist damals wie heute der Mensch mit seinen Eigenheiten, Fehlern, Schwächen, Schrullen, Enttäuschungen und Selbsttäuschungen.

Haltung und Gebärden eines Menschen können manchmal mehr als Worte aussagen. Mit wenigen ausdrucksvollen Bewegungen und wechselnder Mimik erzählt der Pantomime den Zuschauern seine Geschichte. Allerdings sind dem Spiel auch Grenzen gesetzt. Der Pantomime kann Gefühle zum Ausdruck bringen, jedoch nicht Worte durch Bewegungen ersetzen, d.h. überall dort, wo wir besonders auf das Wort angewiesen sind, ist die Geschichte für die Pantomime ungeeignet. Abstraktes Denken kann nicht pantomimisch wiedergegeben werden. Der Pantomime kann wohl darstellen, daß er traurig ist und weshalb, er kann jedoch nicht sagen, was „Trauer" ist.

In der Arbeit mit Schulkindern, Jugendlichen und Erwachsenen wird es nicht darum gehen, große Meister zu kopieren. Das pantomimische Spiel läßt sich hier sehr gut als gruppeninterne Methode einsetzen, um die Spielfreude anzuregen, Scheu zu überwinden und selbstsicherer zu werden. Die besondere Spielqualität der Pantomime liegt für die Teilnehmer im Training der Wahrnehmung, Sensibilisierung, Ausdrucksübung, der freien Improvisation, dem Entwickeln von Ideen, im genauen Beobachten und Wiedergeben.

Pantomimische Spiele in der Gruppe sind unterhaltungsakzentuierte Gesellschaftsspiele, bei denen Aufgaben für einen und mehrere Spieler zugleich vergeben werden können.

Spieltechnische Überlegungen

1. Zu Beginn der Beschäftigung mit der Pantomime sollten nur einfache Situationen dargestellt werden. Erst dann steigern wir die Übungen allmählich und gehen an schwierigere Aufgaben heran.

2. Das pantomimische Spiel wird allein von Mimik und Gestik getragen. Deshalb führen wir alle Bewegungen betont langsam aus und lassen überflüssige Bewegungen weg. Wenn wir z.B. pantomimisch mit Gegenständen arbeiten, müssen wir darauf achten, sie nicht nur irgendwo wegzunehmen, sondern auch wieder hinzustellen. Das mag selbstverständlich klingen, wird im Spiel jedoch häufig vergessen.

   Beim Heben schwerer Gegenstände z.B. stellen wir fest, daß die Anstrengung im Hals beginnt, dann über die Schultern durch den Körper in die Arme bis in die Beine geht, was die Zuschauer an der Art, wie man geht, sehen können.

   Beim Greifen z.B. sollten wir die leere Hand ganz flach – neutral – halten und nicht schon mit der Hand verformen.

3. Genaues Beobachten der Bewegungen, das Bedenken und Kontrollieren des Ablaufs und das mehrfache Üben der Bewegungen führt zur deutlichen, nachvollziehbaren Darstellung und Spielsicherheit. Wir sollten stets versuchen, uns aus eigenem Denken und Fühlen auszudrücken, gleich ob wir Rollen, Gefühle, Charaktere, Temperamente, Unarten, Eigenheiten, Tätigkeiten, Berufe, ernste oder lustige Begebenheiten darstellen.

4. Wenn auch die weiße Maske Tradition hat, so reicht es völlig aus, bestimmte Gesichtspartien mit Dermograph und Teintfarben zu unterstreichen.

   Wenn Fettschminke auf die Haut aufgetragen wird, sollte vorher die Haut mit einer Fettcreme dünn eingecremt werden. Die Schminkfarben lassen sich so besser auftragen und entfernen. Beim Abschminken empfiehlt sich das Abwischen der Farbe mit weichen

Haushaltstüchern. Das Gesicht sollte dann mit lauwarmem Wasser und Seife von möglichen Farbresten gereinigt werden.

5. Kostüme und Requisiten sollten nur sehr sparsam verwendet werden. Es genügt eine normale sportliche Kleidung. Wenn wir mit Trikot arbeiten, können wir zusätzlich auch Beigaben wie Weste, Schärpe, Kragen, Hut, Rock u.ä.m. verwenden. Wichtig ist, daß die Bewegungsfreiheit der Spieler nicht durch die Kostüme behindert wird. In der Regel kommt der Pantomime ohne Requisiten aus. Dennoch gibt es Spielsituationen, bei denen auf Hilfsmittel, wenn sie eine zentrale Rolle spielen sollen (z.b. ein Stuhl oder eine Blume), nicht verzichtet werden kann.

6. Geräusche und Musik sind organischer Bestandteil einer Pantomime. Dennoch setzen wir sie sparsam und dezent ein, z.b. beim Ein- und Ausblenden einer Szene.

7. Damit Mimik und Gestik der Akteure besonders gut zum Ausdruck kommen, setzen wir bei Solo-Pantomimen einen Verfolgungs-scheinwerfer ein. Agieren mehrere Personen auf der Bühnenfläche, so müssen wir den Aktionsraum genügend ausleuchten.

8. Unverbindliches pantomimisches Spiel, nicht Perfektionismus und Versuche, große Meister zu kopieren, erhält die Spielfreude und ist am besten für die Gruppenarbeit geeignet.

Spielvorschläge für den Einstieg

Pantomimische Kette

Für den ungezwungenen Einstieg ins pantomimische Spiel eignet sich besonders die pantomimische Kette.

Etwa fünf Spieler verlassen den Raum. In der Zwischenzeit einigen sich die anderen auf eine kurze pantomimische Handlung, z.B. das Waschen eines Elefanten.

Einer der hinausgeschickten Spieler wird hereingeholt. Ein Mitspieler führt ihm die Handlung möglichst genau vor, mit dem Hinweis, daß er dem Nächsten, der hereingerufen wird, die Szene vorspielen soll. Über den Handlungsvorgang wird nicht gesprochen. Der nächste Spieler wird nun hereingerufen, usw.

Die sich dabei verändernden Handlungsabläufe und Verwechslungen lösen stets allgemeine Heiterkeit aus.

Beispiele:
- einen Säugling wickeln
- ein Essen zubereiten
- einem Pferd die Hufe beschlagen
- im Porzellanladen dem Angriff einer Wespe ausweichen
- einen Pudel scheren
- einen Jägerzaun anstreichen
- einen Reißverschluß einnähen
- einen Staubsauger auseinanderbauen und wieder zusammensetzen
- einen Fahrradschlauch flicken.

Scherzpantomime

Hier geht es um den Spaß am Raten. Wir bilden zwei gleichstarke Gruppen. Jede denkt sich eine lustige Tätigkeit aus, die den anderen gestenreich vorgeführt wird (z.b. das Suchen und Wiedereinsetzen einer verlorengegangenen Kontaktlinse; das Einfädeln durch ein zu enges Nadelöhr; Klebstoff wird verschmiert und nicht wieder von den Fingern abbekommen, usw.). Die Szenen werden im Wechsel vorgeführt und geraten.

Der Spielleiter kann auch von jeder Gruppe vorbereitete Zettel ziehen lassen, auf denen Aufgaben stehen, die pantomimisch gelöst werden müssen.

Was fehlt?

Dieses Spiel enthält Elemente der Ketten- und Scherzpantomime. Die Spieler werden in Dreier- bis Fünfergruppen aufgeteilt. Die Gruppen denken sich alltägliche Handlungen aus, wie Morgentoilette, Essenszubereitung, Aufräumen usw. und spielen sie nach einer kurzen Einübungsphase den anderen vor. Beim Vorspielen wird aber ein wichtiger Teil der Szene ausgelassen, z.B. wird beim Zähneputzen die Zahnpastatube nicht wieder zugeschraubt, beim Anziehen nur ein Schnürsenkel zugebunden...

Die Szene soll möglichst echt gespielt werden, während die anderen Gruppen mit nicht mehr als zwei Versuchen zu erraten haben, was gefehlt hat.

Übungen und weitere Spielvorschläge

Wir beginnen mit einfachen Darstellungen zur Sensibilisierung. Je nach Übung sitzen bzw. stehen sich die Spieler zu zweit gegenüber und führen für sich die vom Spielleiter angegebenen Tätigkeiten langsam pantomimisch aus. Die Sitzordnung dient der Fremd- und Selbstbeobachtung.
Für die einzelnen Übungen erhalten die Spieler genügend Zeit.

Der Spielleiter:

Wir essen
- eine Weinbrandbohne
- eine Rindsroulade
- einen Kaugummi
- eine Pizza

- ein zähes Schinkenbrot
- einen grätenreichen Fisch
- Spaghettis
- Johannisbeeren vom Strauch
- eine Banane
- eine Apfelsine
- eine Ananas
- Erdbeeren.

Wir trinken
- aus einer hauchdünnen Kaffeetasse
- aus einem Bierkrug
- aus einem Sektglas
- ein sehr süßes (saures, scharfes) Getränk
- mit Strohhalm.

Wir greifen
- eine kostbare zerbrechliche Glasvase
- einen vollen Milchkrug
- einen Wattebausch
- ein Stück Papier
- ein klebriges Bonbon
- eine heiße Kartoffel
- einen Füllfederhalter
- in heißes Wasser hinein
- in einen Eimer mit Tapetenkleister
- einen nassen Schwamm
- mehrere Eiswürfel.

Wir öffnen

- eine schwere Haustür
- eine knarrende Zimmertür

Wir tragen (allein und zu zweit)
- einen Koffer
- ein Klavier

43

- einen großen alten Wäscheschrank
- einen Safe
- einen Spiegelschrank im Bad
- eine kleine Pillendose.

- ein Kissen
- eine Glasscheibe
- einen Balken.

Wir werden umkreist
- von einer Fliege
- von einer Biene
- von einem großen Hund
- von einem Raubvogel
- von einem bewaffneten Mann.

Wir haben uns

- geschnitten
- geklemmt
- gestochen
- gestoßen
- verbrannt.

Wir sind Zuschauer
bei einem Fußballspiel
- Tennisspiel
- Federballspiel
- Boxkampf
- Autorennen
- Sackhüpfen
- Eiskunstlauf
- Ruderregatta
- Speerwurf.

Wir sind
- freudig – traurig –
- ängstlich – stolz –
- hochmütig – gleichgültig –
- müde – zornig – zärtlich.

Wir gehen
- auf Glatteis
- auf klebrigem Untergrund
- barfuß über heißes Straßenpflaster
- durch hohen, festen Schnee
- durch sehr hohes Gras
- auf moorigem Untergrund
- durch eiskaltes Wasser
- wie ein Soldat
- wie eine kinderwagenschiebende Mutter
- wie ein alter gebrechlicher Mann
- wie zwei Freundinnen beim Einkaufsbummel
- wie ein angetrunkener Zecher
- wie ein Mann, der einen schweren Koffer trägt.

Unsere Sinne

In dieser pantomimischen Spielfolge versuchen wir unsere eigene
Empfindungsfähigkeit ein wenig zu erforschen und zum Ausdruck zu
bringen:

Sehen: Ich sehe etwas Erfreuliches, Begehrenswertes, Ekelerregendes...

Hören: Ich höre näherkommende bedrohliche Schritte... Ich höre eine beschwingte Musik...

Riechen: Vor mir stehen Flaschen mit unterschiedlichem Inhalt: Medizin, Kaffee, ein wohlriechendes Parfüm...

Schmecken: Ein scharf gewürztes Essen wird probiert, saures Obst wird gegessen, ein cremiges Eis genossen...

Tasten: Meine Hände nähern sich vorsichtig einem Eisblock ohne ihn zu berühren. Ich spüre das Herannahen der Kälte.
Ich strecke meine Hände einem Kaminfeuer entgegen und fühle die hochsteigende, in die Haut eindringende Wärme.

Imaginäre Geräusche

Jeweils 3–5 Spieler haben die Aufgabe, eine kleine Szene zu erfinden,
in der 4 imaginäre Geräusche enthalten sind.

Beispiele:
- Einer summenden Fliege nachschauen.
- Luft aus einem Autoreifen lassen.
- Eine laut knarrende Tür vorsichtig schließen.
- Einen Luftballon zum Platzen bringen.
- Mit einer Zeitung knistern.
- Einfühlsam auf einem Flügel spielen.

Berufe

Durch Gesten und Gebärden werden die typischen Bewegungen eines
Berufes angezeigt.

Beispiele:
- Chauffeur   Chirurg
- Zahnarzt   Supermarkt-Kassiererin

- Politiker Verwaltungsbeamter
- Bäcker Schneider
- Lehrer Kellner.

Wetterwechsel

Innerhalb kürzester Zeit erleben die Spieler
- tropische Hitze
- arktische Kälte
- mildes Lüftchen
- Tornados
- Regen
- Hagel
- lachende Sonne.

Szenen für einen und mehrere Spieler

Die folgenden Spielanregungen bieten genügend Möglichkeiten zur freien Improvisation in der Gruppe. Es sind kleine wortlose Skizzen, die von Aktion und Emotion leben.
Für die Durchführung gilt:

1. Eine Aufgabe wird gestellt oder von den Spielern selbst ausgesucht oder erdacht.
2. Die Spielpartner sprechen den Handlungsablauf durch.
3. Erstes Vorspielen der Szene.
4. Gespräch über die Durchführung; Rückmeldung geben.
5. Wiederholungen bzw. mögliche Variationen werden durchgespielt.

Anregungen:
- Zwei fremdartige Wesen mit fremdartigen Bewegungen begrüßen sich und erkunden auf ihre Weise die nähere Umgebung.
- Ein temperamentvoller und ein phlegmatischer Kellner decken zu zweit den Tisch für ein Festmahl.
- Drei Menschen mit unterschiedlichem Temperament arbeiten nebeneinander am Fließband.
- Eine extrem kurzsichtige Dame – ohne Brille – sucht im Kaufhaus nach einer bestimmten Ware.
- Der Kellner serviert ein Menü in vier Gängen.
- Zwei Kinder auf einem Spielplatz streiten sich um einen Ball.

- In der Lotto-Annahmestelle holt ein Gewinner sein Geld ab.
- Eine freundliche/unfreundliche Fisch-, Obst- oder Käseverkäuferin bei der Arbeit.
- Ein unerzogenes Kind kauft zusammen mit seiner Mutter im Supermarkt ein.
- Stelle das Aufgehen einer Blüte dar.
- Du bist Opernstar und trällerst imaginär in entsprechender Pose eine „Fantasie-Arie".
- Du sitzt a) einem Fotografen, b) einem Kunstmaler Modell.
- Halte eine imaginäre Rede vor einer Versammlung der Imkervereinigung.
- Ein Angler kämpft mit einem großen Fisch, der sich losreißen will.
- Verzweifelt wird versucht, ein Kleid anzuziehen, bei dem der Reißverschluß klemmt.
- Vor dem Badezimmerspiegel bei der Morgentoilette nach einem Fest.
- Spiele pantomimisch einen selbstgewählten Werbespot.
- Drei Patienten mit unterschiedlichem Temperament treffen sich im Warteraum eines Zahnarztes.
- Eine zerstreute Person sucht ihren Kugelschreiber, den sie zum Schluß in ihrer Jacke findet.
- In der Gaststätte. Drei verschiedene Gäste verspeisen unterschiedliche Gerichte.
- Ein Pizzabäcker beim gekonnten Herstellen einer Pizza.
- Kundin im Textilgeschäft beim Anpassen eines viel zu engen/zu großen Kleidungsstücks.
- Eine energische Mutter gibt ihrem Kind Beispiele für richtiges Verhalten.

Entwickeln Sie in Ihrer Gruppe weitere Spielvorschläge. Überlegen Sie dabei gemeinsam, ob Sie der Pantomime eine groteske, elegische (gefühlvolle), lyrische oder tragische Note geben wollen. Aus der Idee und dem Stoff wird dann die Handlung entwickelt.

Anregungen:
Inwieweit ändern Menschen in bestimmten Umgebungen ihre Verhaltensweise?

- Im Museum
- Im steckengebliebenen Fahrstuhl
- Auf dem Zeltplatz

- Beim Angeln
- Bei einem Staatsempfang
- Vor dem Fernsehapparat
- In der Sauna
- Bei der praktischen Führerscheinprüfung
- Im Kino
- Im Stadthaus.

Typenkreis

Die Spieler bilden einen großen Kreis. Zu einer Musik bewegen sich alle – auf ihrem Platz stehend – als ginge eine Welle durch ihren Körper. Hält der Spielleiter die Musik an, erstarren die Spieler. Aus dieser Haltung heraus, in der sie sich gerade befinden, spielen sie eine Rolle bzw. Typen; z.b. eine gebückte, alte Frau; einen Aufschneider; einen zackigen Soldaten; einen Betrunkenen.

Die Spieler erkennen bei diesem Spiel, daß eine bestimmte Körperhaltung entsprechende Rollenassoziationen fördert.

Material: 1 Kassettenrecorder oder Plattenspieler.

Der Magnet

Ein Spieler liegt auf dem Boden und ist ein „Magnet". Alle anderen sind Gegenstände, die vom Magneten angezogen werden. Der Magnet kann entweder ruhig daliegen, und alle werden langsam und gleichzeitig von ihm angezogen, oder der Magnet bewegt sich durch den Raum, und auf wen er sich zubewegt, der wird von ihm angezogen. Zuletzt liegen alle auf einem Haufen zusammen.

Marionetten-Pantomime

Wir bewegen uns stocksteif wie Marionetten durch den Raum. Alles an uns ist starr, die Gesichtszüge und auch die gespreizten Finger. Unsere Bewegungen sind abgehackt und ruckartig, so als würde jemand an den Drähten ziehen, die uns fortbewegen können. Wir treffen starr aufeinander und bleiben vielleicht ineinander hängen.

Gemeinsam werden verschiedene Bewegungsabläufe bewußt gemacht.

Unsichtbare Gegenstände

Die Spieler bilden einen Sitzkreis. Der Spielleiter gibt eine unsichtbare, verformbare Masse herum. Jeder Mitspieler formt irgendeinen Gegenstand, verwendet ihn dann in beliebiger Weise, knetet dann die Masse wieder zusammen und reicht sie dem Nächsten. Beobachten Sie einmal, welche originellen Ideen umgesetzt werden.

Stummes Orchester

Ein Spieler wird zum Dirigenten auserkoren. Dann einigt sich das Orchester auf ein Musikstück, das gespielt werden soll.

Sind Instrumentarium und Spielplan geklärt, geht es an die Aufführung. Der Dirigent dirigiert das abgesprochene Musikstück, und die Instrumente spielen im angegebenen Takt – jedoch völlig lautlos. Lediglich die Mimik und die Bewegungen der Instrumentalisten werden imitiert. Der Dirigent kann sowohl das ganze Orchester zum Spiel anhalten als auch von einzelnen Instrumenten ein Solo spielen lassen. Der gemeinsame Schlußakkord wird gefühlvoll, aber für das Publikum laut wahrnehmbar zu Gehör gebracht.

Das harmonische Zusammenspiel der Instrumente wird das begeisterte Publikum anhalten, Zugaben zu verlangen.

Verfolgen

Die Spieler teilen sich in Paare auf. Der eine verfolgt den Spielpartner so, daß er dessen Gang etwas übertrieben nachahmt. Wenn er das Gefühl hat, seinen Partner gut zu imitieren, verfolgt wiederum dieser ihn mit derselben Aufgabe. Der Spieler übertreibt also noch einmal seinen eigenen übertriebenen Gang. Bei diesem Spiel kann man einen Teil der eigenen Rolle entdecken, den Schalk, den Clown, der wohl in jedem steckt.

Spiegelbilder

Die Spieler stellen sich paarweise im Abstand von etwa einem Meter frontal gegenüber.

Die Partner agieren abwechselnd als „Spiegelbenutzer" und „Spiegelbild". Dabei ist zu beachten, daß der Spiegel ein virtuelles Bild erzeugt, bei dem rechts und links vertauscht sind. Die Bewegungen sollen in Zeitlupe ablaufen und die Spieler Augenkontakt zum Partner halten.

Variation: Die Spieler bilden einen Kreis, und alle werden zu Spiegeln erklärt. Einer tritt in die Mitte und führt verrückte Bewegungen aus. Die anderen sind „Spiegel" und ahmen seine Bewegungen genauestens nach.

Panoptikum

Die Spielgruppe wird in mehrere Kleingruppen aufgeteilt. Jede von ihnen soll statisch die Szene aus einem Film oder ein Ereignis, z.b. aus der Weltgeschichte, Literatur oder Politik darstellen.

Die Darsteller spielen nicht, sondern bauen sich zu einer Szene auf, wie wir sie vom Wachsfigurenkabinett her kennen (z.B. Gerichtsszene aus „Der zerbrochene Krug"). Die Spieler verharren so bewegungslos. Der Szenenausschnitt wird erraten und erhält einen Titel.

Variation: Verbunden mit einigen Vorbereitungen, können sich auch 10–15 Spieler verkleiden. Ein Führer begleitet dann das Publikum durch ein interessantes, schaurig-schön ausgeleuchtetes Panoptikum.
Material: gegebenenfalls Verkleidungen, Lampen, farbiges Transparentpapier.

Auftauen und einfrieren

Um das Erleben körperlicher Bewegungsmöglichkeiten und das Erfahren von Anspannung und Entspannung geht es bei diesem Spiel. Die Akteure stehen einzeln beliebig im Raum verteilt. Von Spielleiter erfahren sie, daß ihre Körperteile „eingefroren" sind und erst allmählich wieder aufgetaut werden können. Zu einer rhythmusstarken Musik werden jetzt vom Spielleiter durch Ansage die einzelnen Körperteile in Abständen von etwa 10–15 Sekunden „aufgetaut" bzw. freigegeben.

Vorschlag für die Reihenfolge: Stirn – Kopf – Finger – Hände – Schultern – Oberkörper – Hüften – Beine – ganzer Körper. Die Spieler bewegen jetzt ihren ganzen Körper.

Nun erfahren sie, daß sie wieder „eingefroren" werden. Es erfolgt die Rücknahme der Bewegungen: ... Beine – Hüften – Oberkörper – Schultern...

Material: Kassettenrecorder oder Plattenspieler mit rhythmusstarker Musik.

Nicht hören und nicht sprechen

Wir bilden aus der Spielgruppe zwei gleichgroße Mannschaften, die sich einander gegenübersetzen.

Es besteht ein Problem! Die eine Mannschaft kann zwar hören, jedoch nicht sprechen; die andere kann sprechen, dafür nichts hören. Die „Tauben" stellen aus diesem Grund an die gegenübersitzenden Mitspieler eine Frage, die sie jetzt pantomimisch beantworten müssen. Eine kurze Andeutung genügt allerdings nicht. Die pantomimische Antwort muß alle Verrichtungen wiedergeben. Fragt z.B. ein Tauber einen Stummen: „Wo warst du gestern nachmittag?", so deutet der Befragte einen Besuch im Fußballstadion an. Er zeigt also seinen Gang ins Stadion, das Lösen der Eintrittskarte, das Hinsetzen, interessiert auf das Spielfeld blickend, gespannt mitgehend, vielleicht noch irgend etwas aus der Tüte knabbernd.

Es gibt zahlreiche Anlässe und Situationen, die sich für dieses Spiel eignen. Nach einem Durchgang werden die Rollen gewechselt.

Stock-Pantomime

Ein Stock läßt sich vielseitig verwenden. Wir haben einen in die Kreismitte gelegt. Jeder Spieler kann diesen Stock als irgendeinen Gegenstand verwenden und das in einer kurzen Szene pantomimisch darstellen.

Die anderen raten, was gemeint ist.

So kann z.B. aus dem Stock ein Billardschläger, ein Fernrohr, ein Rückenkratzer, eine Zahnbürste, ein Schwert oder ein Golfschläger werden.

Gespielt wird, solange Lust und originelle Ideen vorhanden sind.

Spots in Movement

Die Spieler bewegen sich im Raum frei zu einer Musik. Ähnlich wie beim Spiel „Typenkreis" nennt der Spielleiter, sobald die Musik abbricht, Aufgaben, die pantomimisch zu erfüllen sind und im weiteren Spielverlauf zusammengehören: Schaufensterbummel – Schlußverkaufswühltisch – Besuch eines Cafes – Kontaktaufnahme in der Diskothek – Heimfahrt im vollbeladenen Stadtbus.

Material: Kassettenrecorder oder Plattenspieler

Lebenslauf

Vorstellungskraft und Darstellungsvermögen werden auch bei dieser pantomimischen Übung angesprochen.

Der Spielleiter erzählt, während die Gruppe stumm spielt: Alle liegen auf dem Boden – jetzt bewegen wir uns wie Babys – jetzt wie Einjährige – wie Kindergartenkinder – wie Schulkinder auf dem Schulweg – wie Jugendliche usw. ... – wie zerbrechliche Greise.

Zuletzt gibt sich jeder einzelne so, wie er sich in seinem augenblicklichen Alter bewegt.

Eigenschaften

Reihum wird in der Gruppe von jedem Spieler ein Zettel gezogen, auf dem ein Eigenschaftswort steht (z.B. fröhlich, aggressiv, langsam, vorsichtig, hektisch, geheimnisvoll, verschmitzt, hochnäsig...).

Auf verschiedene Fragen hin (z.B. „Wie würdest du ein Eis essen, fernsehen, Kaffee trinken...?) versucht einer nach dem anderen „seinen Typ" möglichst entsprechend darzustellen.

Material: Vorbereitete Zettel

Ungleiche Geschwister

Der Spielleiter weist je 2 Spielern als Paar extrem unterschiedliche Eigenschaften zu wie etwa: froh/traurig, mutig/ängstlich, stark/schwach, schön/häßlich, zufrieden/unzufrieden...
   Die beiden teilen sich die Aufgabe und versuchen ihre Unterschiede pantomimisch auszudrücken.

Stegreifspiel – spontanes dialogisches Rollenspiel, gespielter Witz und Sketche

Das Stegreifspiel ist eine der besten spielerischen Möglichkeiten, Menschen einfallsreich, kreativ, lebendig, aktiv und froh zu machen. Die Vorstellungskraft der Akteure wird gesteigert, das Blickfeld geweitet und das Urteilsvermögen gefördert. Mimischer und sprachlicher Ausdruck werden entwickelt und trainiert.
   Die Ursprünge des Stegreifspiels reichen weit zurück. So kannte z.B. das Theater im antiken Griechenland keinen Souffleur. In Anlehnung an frühere Stegreifgesänge waren die Texte steter Veränderung unterworfen, indem die Darsteller nach eigenem Dichtertalent fehlende Repliken ergänzten.
   Besonders beliebt war das Stegreifspiel im Italien des 16. Jahrhunderts, wo von Stadt zu Stadt ziehende Komödianten auf schnell zusammengehauenen Bretterbühnen mit wenigen Requisiten zur Volksbelustigung beitrugen. Die italienische Komödie, bekannt als Commedia dell' arte, wurde frei nach einem rohen Entwurf gespielt. Das Stück selbst lebte von der Improvisation und Situationskomik. Ging den Darstellern einmal der Text aus, wurden Grimassen geschnitten oder die Glieder verrenkt. In erster Linie wurde das Stück vom Äußeren seiner Darsteller bestimmt, von ihren Bewegungen, ihrer Mimik und ihren Kostümen. Nicht selten machte man sich in den Stücken über die Begebenheiten und Zustände im Orte lustig oder zog höhergestellte Persönlichkeiten ins Lächerliche.
   Charles de Brosse beschrieb das italienische Stegreiftheater als „einfach in der Handlung, natürlich und von einem großen Sinn für die Wahrheit geprägt".
   Wenn auch im weitesten Sinne das Scharadenspiel, die Pantomime und das figurale Spiel zum Stegreifspiel zählen können, so wird es

heute stets als „dialogisches Rollenspiel" bezeichnet, an dem zwei oder mehrere Spieler beteiligt sind. Es kommt ohne besonderes Textbuch aus und wird vorwiegend von den eigenen Spieleinfällen getragen. Die Darsteller müssen also ohne viel Vorbereitung auskommen und ihre Worte und Bewegungen während des Zusammenspiels mit dem Partner finden.

Der beste gangbare Weg zum Stegreifspiel führt über spontane gesellige Kleinspielformen, die dialogische und mimische Elemente enthalten und so fast unbemerkt vom Gesellschaftsspiel zum Stegreifspiel führen.

Spieltechnische Überlegungen

Die Selbsterarbeitung eines Stegreifspiels ist eine sehr produktive und kreative Form des darstellenden Spiels. Es kommt zu besonders intensiven Gruppenerlebnissen, und die Freude über das Geschaffene festigt das Gruppengefüge. Das Stegreifspiel fordert spielwillige Teilnehmer, die geeignete Themen und Spielvorlagen spontan und stegreifgemäß darstellen.

Beim Stegreifspiel können wir auf ein Gedankengerüst nicht verzichten. Spielleiter und Darsteller setzen sich zusammen, erörtern Thema und Inhalt und legen den Handlungsablauf fest. Die in der Stegreifphase entwickelten Ideen der Spieler werden von einem Mitglied der Spielgruppe oder vom Spielleiter protokolliert. Sie bilden das wesentliche Gerüst für das anschließende Spiel. Der „rote Faden", die szenische Abfolge, muß allen Akteuren klar sein, will man nicht unkontrolliert „ins Blaue hineinspielen".

Wer sich intensiv mit dem Stegreifspiel beschäftigen will, wird sein Vorgehen in vier Schritte aufteilen:

1. Ideen- und Themenfindung
2. Szenenfindung
3. Interpretation, Produktion, Einübung
4. Festlegung

1. Ideen- und Themenfindung

Die Spielgruppe wird, je nachdem wie spielerfahren sie ist, Ideen entwickeln und sich für ein Thema entscheiden, das sich in anschaulichen Bildern darstellen läßt. Dafür sollten sich die Spieler zu kleinen Teams von etwa 3–6 Mitgliedern zusammenfinden.

Auf der Suche nach einer Spielidee kann die Betrachtung von Zeitungs- und Illustriertenfotos, die Menschen in charakteristischen Situationen zeigen, gute Anstöße und Anregungen geben. Die Bildthemen lassen sich beliebig in andere Situationen übertragen. Neben eigenen Spielideen aus dem Alltagsleben lassen sich Witze, Karikaturen, Anekdoten, Märchen, Zeitungsberichte, Nachrichtensendungen und Kurzgeschichten zu Stegreifspielen verarbeiten.

Am Anfang sollte die Spieldauer bei etwa drei Minuten liegen, später wird sie sich dann allmählich auf zehn Minuten und mehr steigern.

2. Szenenfindung

Nach einer ersten Versuchsphase wird entschieden, ob sich die Spielidee oder das Thema für eine anschauliche szenische Darstellung eignet. Es ist zu klären, ob sich das Geschehen in einer Spielszene darstellen läßt. Einakter, Sketche und Blackouts vertragen nicht vielerlei Spielorte. Ereignisse, die sich an verschiedenen Orten oder zu verschiedenen Zeiten zutragen, müssen möglichst auf einen einzigen Ort verlegt werden (Einheit von Ort, Handlung und Zeit).

Es gilt auch zu überprüfen, auf welchen Satz, welche Pointe die Geschichte hinzielt, auf welchen Höhepunkt sie sich zuspitzt. Das Erkennen und Formulieren der Pointe, die Klärung, wie Spannung erzeugt werden kann, sind Grundlagen für die Szenenfindung.

3. Interpretation, Produktion, Einübung

Das Stegreifspiel steht und fällt mit dem Dialog. Die Personen werden durch ihr Sprechen, Tun und Verhalten (zu anderen) charakterisiert.

Die Darsteller sollten so miteinander sprechen, als sei gar kein Publikum vorhanden.

Die Spieler können ihre Rollen selbst wählen. Die ersten Proben werden zeigen, ob eventuell ein Rollenwechsel sinnvoll ist (siehe 4. Festlegung). Drei Fragen können dem Darsteller helfen, sich mit seiner Rolle zu identifizieren: Wer bin ich? (Rolle) – Wo bin ich? (Situation) – Was will ich? (Handlungsaufgabe).

Requisiten helfen sowohl dem Darsteller als auch dem Publikum, die Vorstellungskraft zu intensivieren.

Im Stegreifspiel können die Requisiten improvisiert werden, besonders dann, wenn es um kabarettartige Szenen geht. Ein griffbereiter Utensilienkoffer oder eine Kleiderkiste enthält z.b. Hosen, Jacken, Röcke, Mäntel, Hüte, Tücher, Schirme, Taschen, Brillengestelle, Nähzeug und Schminke.

4. Festlegung

In dieser Phase kommt es zur endgültigen Festlegung der einzelnen Rollen, der Dialoge und der dramaturgischen Einrichtung der Szenen.

Auf den nächsten Seiten finden Sie Anregungen und Anlässe für das Stegreifspiel.

Wir beginnen mit spontanen, von der Situationskomik getragenen Spielimprovisationen und beschäftigen uns anschließend mit dem gespielten Witz und dem Sketch.

Spielvorschläge:

Alltagsszenen

Grundlage für Stegreifspiele können reale, groteske oder utopische Situationen und Handlungsmuster sein.

Wir haben Zettel vorbereitet, auf denen jeweils eine Situation bzw. ein Ort steht. Je 2–3 Spieler ziehen für sich als Gruppe einen Zettel und denken sich gemeinsam eine Szene aus, die an dem von ihnen gezogenen Ort spielen könnte. Wurde z.B. der Zettel „bei der praktischen Fahrprüfung" gezogen, so könnten dort folgende drei Personen zusammentreffen: Der „begriffsstutzige, aufgeregte Prüfling", der „genervte Fahrlehrer" und der „gefürchtete Prüfer". Gemeinsam erleben sie die dritte Wiederholungsprüfung.

Hier einige Anregungen:

- Familie am Frühstückstisch
- zwei Fremde auf einer Parkbank

- Gerichtsvollzieher will pfänden
- Kollegentratsch in der Mittagspause
- im Wartezimmer eines Zahnarztes

- Vertreter an der Haustür
- in einem Heiratsinstitut

- Kunde will getragenes Kleidungsstück umtauschen
- Angestellter soll wieder einmal Vertretungsstunden übernehmen
- Lottogewinner in der Lottoannahmestelle
- drei verschiedene Charaktere treffen im Zugabteil aufeinander
- Prüfungssituation: nervöser Prüfungskandidat und zerstreuter Medizin-Professor (beliebige andere Fach-Prüfungen).
- Immobilienmakler (Autoverkäufer, Zeitschriftenwerber) versucht Kunden zu überreden
- Wartende an einer Bushaltestelle

- Familie vor dem Fernsehapparat
- altkluges Kind wird von Eltern aufgeklärt
- auf der Polizeiwache
- Elternsprechtag in der Schule

- Behördenbesucher möchte einen Antrag stellen (Bauamt, Finanzamt usw.)
- auf der Tribüne beim Fußballspiel
- Verkaufsgespräch an einem Stand auf dem Wochenmarkt
- drei Patienten im Zimmer eines Krankenhauses
- in einer Schlange vor der Supermarkt-Kasse
- Pärchen im Kino

- Menschen im Zoo vor einem Affenkäfig
- im besonders vornehmen Restaurant hat's nicht geschmeckt

- Situation während einer beliebigen Schulstunde

- bei der Paßkontrolle an einer Grenze.

Entwickeln Sie weitere Ideen in Ihrer Spielgruppe.

Material: Verkleidungsutensilien

Der Nächste bitte!

Die XY-Behörde ist geöffnet. Hinter einem imaginären Schalter sitzt ein Spieler. Vor dem Schalter steht eine Schlange aus etwa 4–6 Bittstellern, die auf den Ruf „Der Nächste bitte!" nacheinander ihre interessanten und hochwertigen Wünsche und Sorgen vortragen.

An den Fragen, Antworten und Ratschlägen werden alle Teilnehmer ihre helle Freude haben.

Theater aus dem Karton

Die Spieler bilden Gruppen zu je 4–6 Personen. Der Spielleiter stellt einen Pappkarton auf, in dem sich eine Fülle zusammengetragener Gegenstände befinden (z.b. Armbanduhr, Feuerzeug, Kugelschreiber, Büroklammer, Buch, Kerze usw.). Jede Gruppe sucht nun blind drei Gegenstände als Requisiten heraus. Zusätzlich zieht sie beim Spielleiter einen Zettel, auf dem eine bestimmte Spielform vorgegeben wird (z.b. Trauerspiel, Komödie, Kriminalstück, Märchenspiel, Wildweststory, Ritterspiel, Operette, Musical).

Aufgabe jeder Gruppe ist nun, mit Hilfe der Requisiten und der vorgegebenen Spielform innerhalb von etwa 5–10 Minuten ein Stegreifspiel zu improvisieren. Nach Ablauf der Vorbereitungszeit kommen die Gruppen wieder zusammen und führen ihre Stücke vor.

Material: 1 Karton (Kiste oder Plastikeimer), beliebige Gegenstände, vorbereitete Zettel mit Spielformen.

Von Bahnhof zu Bahnhof

Für dieses Spiel, das sich besonders gut zur Hinführung ins Rollenspiel eignet, stellen wir einige Stühle zu einem Eisenbahnabteil zusammen.

Der Zug fährt von einer Bahnstation zur anderen. Fahrgäste steigen ein und aus. Am Bahnhof steht ein Fahrstellenleiter, der jedem Fahrgast, der neu dazusteigt, eine „Fahrkarte" aushändigt. Auf dieser Karte steht die Rolle, die der neue Fahrgast im Abteil zu spielen hat (z.B. Greis, Besserwisser, Aufschneider, Rücksichtsloser usw.).

Wenn einem Spieler nichts mehr einfällt oder er vielleicht eine andere Rolle ausprobieren möchte, steigt er einfach an der nächsten Bahnstation wieder aus.

So kommt es bei diesem Spiel immer wieder zu neuen abwechslungsreichen Begegnungen im Zugabteil. Sie lassen sich beliebig umgestalten und verändern.

Material: vorbereitete Zettel („Fahrkarten") mit Rollenangaben.

Schlagfertige Schmuggler

Wir befinden uns an einer Zollstation, über die schon sehr oft Schmuggler gekommen sind. Meist wurden diese jedoch von den überaus aufmerksamen Zollbeamten ertappt. Und so soll es auch diesmal sein.

Der Spielleiter sammelt zu Beginn des Spiels Gegenstände ein, die „nicht ausgeführt werden dürfen".

Nun versuchen die ertappten Schmuggler, sich möglichst originell aus ihrer Situation herauszureden, um ungeschoren durch den Zoll zu kommen.

Falls es die Gruppe wünscht, kann eine Jury darüber entscheiden, ob der jeweilige Schmuggler passieren darf.

Material: verschiedene Gegenstände (Kugelschreiber, Uhr, Buch, Tasse, Vase, usw.).

Schneewittchen einmal anders

Nahezu alle volkstümlichen Märchen mit einfacher Handlung lassen sich beinahe aus dem Stegreif mit einer Gruppe spielen. Ansonsten wird zur Auffrischung das jeweilige Märchen noch einmal vorgelesen.

Da Texte nicht vorgegeben sind, einigen sich die Darsteller auf einen Handlungsrahmen (Szenenfolge). Dann werden die einzelnen Rollen verteilt und die notwendigsten Kostümierungen und Requisiten besorgt.

Es ist besonders belebend, wenn die einzelnen Darsteller ein bestimmtes Spieltemperament verkörpern, das vom ursprünglichen Märchen völlig abweichen kann. Schneewittchen könnte z.B. emanzenhaft sein, die Stiefmutter genießerisch, die Zwerge grob, kernige Sprüche benutzend.

Zum Nachspielen eignen sich besonders

- Hänsel und Gretel   - Der Wolf und die sieben Geißlein
- Rotkäppchen   - Rumpelstilzchen   - Aschenputtel
- Dornröschen   - Hans im Glück   - Der Froschkönig
- Frau Holle   - Das tapfere Schneiderlein.

Material: gegebenenfalls Verkleidungsutensilien, Requisiten.

Opernabend

Bei diesem Spiel geht es ein wenig um den Mut, sich vor anderen auch musikalisch zu produzieren.

Die Spieler ziehen Zettel, auf denen eine kleine Handlung vorgegeben ist, die nachgespielt werden soll und zwar in Form einer Opern- oder Operettenszene. Die Handlung wird selbstverständlich gesungen!

So versucht z.B. eine Marktfrau einem Kunden verschiedene Gemüse anzupreisen oder ein Arzt teilt seinem Patienten die Diagnose mit oder der Autoschlosser teilt dem Wagenbesitzer den festgestellten Getriebeschaden mit.

Die Fragen werden im schnellen Wechsel hoch oder tief, fröhlich oder traurig, schnell oder langsam gesungen und mit pathetischen Bewegungen unterstrichen.

Material: vorbereitete Zettel mit Handlungshinweisen für jeweils 2–3 Personen.

Alle meine Entchen...

Die Spieler erhalten den Liedvers

„Alle meine Entchen,
schwimmen auf dem See,
Köpfchen unterm Wasser,
Schwänzchen in die Höh."

Dieser soll nun z.B. eingebaut werden

– in die Rede eines Politikers auf einer Parteiversammlung;
– als Teil der Nachrichten, die ein Nachrichtensprecher verliest;
– bei der Ansprache eines Standesbeamten vor der Hochzeitsgesellschaft;
– bei der Verkehrskontrolle durch einen Polizeibeamten;
– in den Tagesbefehl eines Kompaniechefs vor seiner Truppe auf dem Kasernenhof.

Material: vorbereitete Zettel mit beliebigen Situationen, in die der Liedvers eingebaut werden soll.

Tausendszenentheater

Ein Theaterstück, das aus derart vielen Einzelszenen bestünde, wäre sicherlich für Darsteller wie Zuschauer ein gleichsam anstrengendes wie ermüdendes Unternehmen. Der Titel steht vielmehr für eine besonders interessante Form des Stegreifspiels, das sich auf der Grundlage von „Reizwörtern" entwickeln läßt. Dazu ordnen wir drei unterschiedlichen Oberbegriffen Wörter zu und schreiben sie auf Karten.

Zu folgenden Oberbegriffen werden Karten mit „Reizwörtern" geschrieben:

Personen	Ort	Gegenstand
z.B.:		
Kellner/Gast	Badeanstalt	Autoschlüssel
Schüler	Diskothek	Geldbörse
Liebespaar	Festzelt	Handtasche
Hausfrau/Vertreter	Flur	Blumenstrauß
Zwei Greise	Fließband	Zahnprothese
Manager	Fundbüro	Kinokarte
Sportler	Kaufhaus	Schallplatte
Pfarrer	Reisebüro	Zeitung
Lehrer	Frisiersalon	Banane
Nachtschwärmer	Bootsvermietung	Kamm
Immobilienmakler	Hafenkneipe	Revolver
Fahrlehrer	Wochenmarkt	Auto
Nörgler	Apotheke	Sonnenschirm

(Die Reizwort-Karten lassen sich beliebig erweitern.)

In Gruppen von 2–5 Mitspielern werden jetzt die zuvor vom Spielleiter gemischten Karten (für jeden Oberbegriff) gezogen. In den einzelnen Spielgruppen erfolgt eine kurze Absprache (von etwa 3 Minuten). Dann werden die kurzen Szenen nacheinander vorgeführt. Je nach Anzahl der Reizwort-Karten ergeben sich durch das Mischen immer neue, zum Teil auch kuriose Spielsituationen.

Material: Zettel oder Karteikarten im DIN-A-7-Format in drei verschiedenen Farben, Schreibzeug.

Zeitungstheater

Die Spieler teilen sich in Gruppen von je 3–4 Personen auf. Jede Spielgruppe erhält vom Spielleiter eine Tageszeitung, aus der sie sich einen beliebigen Artikel, eine Überschrift oder ein Foto als Grundlage bzw. Anlaß für eine kurze Spielszene aussucht.

Das Thema kann abgewandelt und frei gestaltet werden. Der ursprüngliche Sinngehalt des Zeitungsauszugs sollte jedoch erhalten bleiben.

Als Vorbereitungszeit setzen wir etwa 10–15 Minuten an. Anschließend spielen die einzelnen Gruppen ihre Spielszenen vor.

Material: Zeitungen, Papier, Schreibzeug

Es hat geklopft

Dieses Stegreifspiel, auch als „Grafensketch" bekannt, ist immer wieder verblüffend und amüsant, da keine Aufführung der anderen gleicht. Von jeder Gruppe werden neue Ideen ins Spiel gebracht.

Für das Stegreifspiel benötigen wir jeweils drei Darsteller: einen vornehmen Grafen, einen gediegenen Kammerdiener (bzw. ein Dienstmädchen) und einen Stallknecht. Der Spielleiter gibt den Teilnehmern nun den Text einer kurzen Szene bekannt, die von den Darstellern zu spielen ist:

Kammerdiener: „Herr Graf, es hat geklopft." – Graf: „Sieh' nach, wer da ist!" – Kammerdiener: „Herr Graf, es ist der Stallknecht." – Graf „Mag er kommen!" – Stallknecht: „Herr Graf, die Pferde sind gesattelt." – Graf: „Nun denn, so laßt uns ausreiten."

Die Gruppe soll die kurze Szene in einer bestimmten Variante spielen. Entweder als Operette, Komödie, Kriminalstück, Musical oder Tragödie. Die Szene kann auch an einem bestimmten Ort, zu einer bestimmten Zeit spielen; z.B. im alten China, am Hofe Neros, bei einem Scheich oder im Wilden Westen.

Jedes Gruppenmitglied hat die Möglichkeit, selbst zu entscheiden, welche Rolle es übernehmen und welche Temperamente es „sichtbar" machen will.

Gespielter Witz

Der gespielte Witz ist durch kurze, stark pointierte Darbietungen gekennzeichnet. Meist erfolgen Schlag auf Schlag mehrere hintereinander.

Die Spieler müssen sich auf das Wesentliche beschränken und präzise aufeinander einstellen.

Jeder gespielte Witz sollte nicht mehr als 10 Sätze umfassen. Anregungen finden sich in Zeitungen, Illustrierten, Witz- und Karikatursammlungen. Nicht nur geschriebene Witze, auch Illustrationen lassen sich als gesprochene Szene darstellen.

In der Regel sind die Figuren in einem Witz Typen, die in ihrer Rollengestalt herausgearbeitet werden müssen. Der Witz hat eine Pointe. Sie ist das Ziel und zugleich der Schluß des Stückes. Das Spiel vor der Pointe stellt die handelnden Personen dem Zuschauer vor. Soll der gespielte Witz erfolgreich beim Publikum ankommen, ist eine konzentrierte Darstellungsform ausschlaggebend.

Spielvorschläge:

Prüfung

Der Zoologieprofessor zeigt dem Prüfling eine Schachtel, aus der nur die Beine eines Vogels herausragen. „Nun, um welche Vogelgattung handelt es sich hier?" fragt der Professor. Jede Antwort des Kandidaten ist falsch. „Durchgefallen!" meint der Professor, „und wie war gleich Ihr Name?" Da krempelt der Durchgefallene die Hosenbeine hoch und sagt: „Raten Sie mal!"

Im Kino

Zwei Personen im Kino: „Sitzen Sie auch gut?" – „Ja." – „Sehen Sie auch gut?" – „Hm." – „Ist Ihr Sessel bequem?" – „Sehr!" – „Wollen wir nicht tauschen?"

Vor Gericht

Der Angeklagte verteidigt sich mit allen Mitteln. „Zugegeben, Herr Richter, ich kniete also mitten auf der Autobahn. Aber damit ist noch nicht bewiesen, daß ich betrunken war!" – „Nicht unbedingt", räumt der Richter ein, „aber wie erklären Sie es sich, daß Sie versucht haben, den Mittelstreifen aufzurollen?"

Kaugummi

Im Zugabteil sitzen sich ein junger Mann und eine ältere Dame gegenüber. Er kaut unentwegt Kaugummi. Nach einiger Zeit nimmt sich die Dame ein Herz und sagt: „Junger Mann, es ist zwecklos, auf mich einzureden, ich bin schwerhörig."

Konservenfabrik

Zwei Bekannte treffen sich. – „Wo arbeitest Du denn jetzt, Karl-Heinz?" – „In einer Konservenfabrik." – „Am Band?" – „Nein, wir dürfen frei herumlaufen."

Notbremse

Ein kleiner Mann müht sich im Zug vergeblich mit der Notbremse ab. Steht ein starker Mann auf, zieht an der Notbremse und sagt verächtlich: „Muskeln muß man haben!" Ein Schaffner kommt hinzu und verlangt wegen mißbräuchlicher Betätigung der Notbremse 200 Mark von dem starken Mann. Meint der kleine: „Ja, nicht Muskeln, Köpfchen muß man haben" und verläßt den Zug.

Hackbraten

Als der Wirt den Tisch abräumt, meint er leutselig zu seinem Gast: „Ihrer Mundart nach zu urteilen, kommen Sie aus Berlin!" Darauf erwidert der Gast nur trocken: „Und Ihrem Hackbraten nach zu urteilen, waren Sie ursprünglich Betonierer."

Zahnpasta

Es klingelt an der Haustür: „Guten Tag, meine Dame, ich vertrete Zahnpasta." – „Um Himmels willen, aber bitte nicht auf meinem Teppich!"

Aschenbecher

„Haben Sie sich gerade das Rauchen abgewöhnt?" – „Ja, das stimmt; aber woher wissen Sie das?" – „Sie drücken immer die Kekse im Aschenbecher aus!"

Bankraub

Ein Bankräuber zum Kassierer: „Überfall! Sofort das ganze Geld in meine Tasche!" Darauf der Kassierer flüsternd: „Bringen Sie Ihre Krawatte in Ordnung! Sie werden gefilmt."

Fünfzigmarkschein

Ein kleiner Junge kommt mit einem Fünfzigmarkschein in der Faust nach Hause gerannt und sagt, daß er ihn gefunden habe. – Die Mutter: „Hat den auch wirklich jemand verloren?" – „Aber sicher, Mami! Ich hab' den Mann ja gesehen, wie er ihn die ganze Zeit gesucht hat."

Telefon

„Wer ist bitte am Telefon?" – „Huber." – „Wer bitte?" – „Na, Huber. Heinrich, Ulrich, Berta, Emil, Robert." – „Schon gut, schon gut. Aber sagt mal, warum ruft ihr denn gleich zu fünft an?"

Im Restaurant

„Mutti, schau mal, der Mann ißt seine Suppe mit der Gabel!" – „Pst, sei still!" – „Mutti, Mutti, jetzt trinkt er aus der Blumenvase!" – „Du sollst still sein!" – „Aber Mutti, guck mal, jetzt ißt er sogar seinen

Bierdeckel auf!" – „Jetzt reicht's mir, gib ihm seine Brille zurück, damit endlich Ruhe ist!"

Bauchschmerzen

Ein Patient klagt beim Arzt über schlimme Bauchschmerzen. Der Arzt macht eine Röntgenaufnahme. „Erstaunlich!" sagt er. „In Ihrem Magen liegt eine Armbanduhr." – „Weiß nicht", erklärt der Patient, „die hab' ich verschluckt, als ich 11 Jahre alt war." – „Und Sie hatten nie Beschwerden?" – „Doch, manchmal beim Aufziehen."

Schallplatte

Ingrid bringt eine Schallplatte zurück, die sie sich vor einer Woche von Gisela geliehen hatte. Die Schallplatte ist völlig zerkratzt. „Was hast du denn mit meiner Platte gemacht?" fragt Gisela. „Nichts Besonderes, ich habe nur die besten Stellen angekreuzt!" lautet die Antwort.

Frühjahrsvogel

Ein Mann wacht im Krankenhaus auf und flüstert: „Wo bin ich, und was ist passiert?" – „Sie befinden sich im Krankenhaus. Sie haben gegen zwei Uhr nachts Ihr Wohnungsfenster aufgemacht und wollten Ihren Freunden zeigen, wie die Vögel im Frühjahr fliegen." – „Ja, aber warum hat mich denn niemand zurückgehalten?" – „Ihre Freunde dachten, Sie könnten es."

Sketche

Gespielter Witz und Sketch sind miteinander verwandt. Sketche sind allgemein die Bezeichnung für effektvolle, kurze, satirische Szenen mit einer scharfen Schlußpointe. Sie dauern zwischen 2–10 Minuten und kommen mit wenigen Darstellern aus.

Neben besonderen Situationen aus dem Alltagsleben eignen sich als Themen menschliche Schwächen, aktuelle Anlässe und Ereignisse, Mißstände und Fragwürdigkeiten.

Die Kostümierung deuten wir beim Sketch nur an; sie kann übertrieben und überzogen sein. Der eine oder andere Darsteller sollte ein witziges Merkmal erhalten, das mimisch oder sprachlich zum Ausdruck gebracht wird. Kulissen sind für die Durchführung nicht erforderlich.

Spielvorlagen bzw. Handlungsgerüste lassen sich von den Darstellern beliebig ausschmücken.

Spielvorschläge

Höflich, unhöflich, nachdenklich

Ein Vater zu seinem Sohn: „Ich will dir mal die Begriffe ‚höflich' und ‚unhöflich' erklären. Hol mal das Telefonbuch. Und jetzt such irgendeine Nummer raus."

Der Vater wählt die Nummer. – Am anderen Ende des Telefons: „Hier Schneider." –

„Ich hätte gern Ihren Sohn Karl-Heinz gesprochen." –

„Ich habe keinen Sohn Karl-Heinz. Sie haben sich verwählt." –

„Siehst du, mein Sohn. Das war höflich." –

Der Vater wählt noch einmal dieselbe Nummer. –

„Hier Schneider", meldet sich wieder die Stimme. –

„Ich hätte ganz gerne Ihren Sohn Karl-Heinz gesprochen." –

„Ich habe keinen Sohn. Das habe ich Ihnen doch schon einmal erklärt. Sind Sie dämlich?" –

„Siehst du, mein Sohn, das war unhöflich." –

Sagt der Sohn: „Und jetzt zeige ich dir, was nachdenklich macht."

Der Junge wählt die Nummer. –

„Hier Schneider." –

„Hallo Vati. Hier ist Karl-Heinz. Hat jemand für mich angerufen?"

Vom Arzt zum Klempner

Im Sprechzimmer eines Internisten. Patient und Arzt sitzen am Schreibtisch. Der Patient klagt über ständige Kopfschmerzen. – Der Arzt: „Rauchen Sie?" – „Nein, Herr Doktor. Für dieses Gift, diesen gesundheitsschädlichen Unfug gebe ich keinen Pfennig aus." – „Trinken Sie?" – „Gott bewahre, nein! Ich halte den Alkohol für den allergrößten Feind des Menschen. Er beraubt ihn seiner Selbstbeherrschung, läßt die Sinne schwinden und führt ihn zum Bösen." – „Frauen?" – „Ich bin seit neun Jahren verlobt und achte die Ehre meiner Braut wie meine eigene." – Der Arzt setzt die Brille ab: „Tja, bei mir sind Sie leider an der falschen Adresse. Gehen Sie zum Klempner, und lassen Sie sich Ihren Heiligenschein weiten. Er drückt."

Besuch vom Fernmeldeamt

Ein neu zugelassener Rechtsanwalt hat im vornehmsten Viertel der Stadt seine Kanzlei eröffnet. Das einzige, was schon seit langem fehlt, ist die ratsuchende Klientel. Nach Tagen des Wartens erspäht er endlich einen Mann, der auf sein Büro zugeht. Eilig ergreift der Anwalt den Telefonhörer und beginnt zu sprechen: „Ja, hallo! Was haben Sie gesagt? Unsere Verhandlungsergebnisse seien für Sie sehr überzeugend gewesen? Das halte ich zwar für etwas übertrieben, aber..." Leutselig winkt er den Besucher mit der freien Hand herein. „Schön, vor Gericht erscheinen wir natürlich nicht selbst. Das erledigen unsere Assistenten. Aber sicher, das sind auch kompetente Anwälte. Den Fall haben wir praktisch schon gewonnen. Morgen zurückrufen? Nein, das geht nicht, wir müssen einen Fall in München und anschließend in Frankfurt annehmen. Aber machen Sie sich keine Sorgen. Ihre Angelegenheit ist bei uns in besten Händen. Besprechen Sie doch alles weitere mit unserem Sekretariat."

Der junge Anwalt legt auf und wendet sich dem Besucher zu: „Und was kann ich für Sie tun?" Der Mann: „Nichts weiter. Ich komme vom Fernmeldeamt und will Ihr Telefon anschließen."

Theater – Textspiel vor Publikum

Beim Theater sind alle Beteiligten aktiv in den Spielprozeß einbezogen, gleich, welche Funktion oder Aufgabe sie ausüben, die für die Erreichung des Arbeitsergebnisses erforderlich ist. Theaterspielen bedeutet stets Auseinandersetzung mit Ausdrucks-, Wahrnehmungs-, Gestaltungs- und Darstellungsfragen. Es fordert immer den ganzen Spieler in seinem Denken, Fühlen und Handeln.

Die Mittel des Theaters sind das gesprochene Wort, Mimik und Gestik, die Maske, das Kostüm, der Raum und das Requisit.

Am Anfang sollte eine Laienspielgruppe die Ziele nicht zu hoch stecken. Nicht „großes Theater", sondern überzeugendes Spiel mit einer überschaubaren Darstellerzahl und relativ wenig Aufwand an Requisiten und Kostümen sollten im Mittelpunkt stehen.

Theater bedeutet Spiel vor Publikum; d.h.

- Zuschauer können auf die Spieler anregend (anspornend), aber auch hemmend (Lampenfieber) wirken.
- Die Darsteller werden gezwungen, deutlich und verständlich zu spielen.
- Da Zuschauer nicht nur auf einzelne Spieler reagieren, sondern auf das Spiel als Ganzes, muß sich auch jeder Spieler für die ganze Darstellergruppe verantwortlich fühlen.
- Die Zuschauer geben unmittelbare Rückmeldungen, z.B. durch Lachen, Applaus oder gelangweilte Reaktionen.

Die Angst vor dem Publikum läßt sich vermindern, indem wir immer zuerst vor einem kleinen, vertrauten Zuschauerkreis spielen, Verkleidungen und Schminke einsetzen und unsere Spontaneität beibehalten.

Beim Theater bilden Spielleiter und Spielgruppe ein Team. Als Regisseur soll der Spielleiter ein Konzept haben und die Handlung schaubar machen. Es ist also seine Aufgabe, Impulse zu setzen, Hilfen und Hinweise zu geben und zu möglichen Änderungen anzuregen. Er muß die Spieler ernst nehmen, Einfühlungsvermögen, Verständnis und Geduld aufbringen.

Bei der Bildung einer Theatergruppe achten wir auf eine überschaubare Teilnehmerzahl. Große Gruppen sind nicht so beweglich, arbeits- und aktionsfähig. Schließlich möchte jeder einmal in der Gruppe mitspielen und die Darstellerzahl ist bei kleineren Stücken begrenzt.

Der Spielleiter lädt die Teilnehmer ihren Fähigkeiten entsprechend zur Mitarbeit ein. In einer Theatergruppe sind verschiedene Positionen zu besetzen. Sie reichen von Autoren über Regisseure, Darsteller und Bühnenbildner bis zum Techniker für Beleuchtung und Geräusche.

Durch das Zusammenspiel aller Beteiligten kommt es zum produktiven Handeln, zur kreativen Entfaltung des einzelnen und zu einem für alle nachhaltigen Erlebnis.

Der Spielleiter benötigt neben Sachkenntnissen, die er durch aktives Spiel, Selbststudium, Kurse und Fachliteratur erwerben kann, in besonderem Maße pädagogisches Geschick und Menschenkenntnis.

Die Wahl zum Spielleiter durch die Gruppe ist eine verpflichtende Aufgabe. Alles besser wissen zu wollen als die Darsteller ist genauso falsch wie ein zu kurzes oder zu langes Proben. Wer als Spielleiter versucht, alles selbst machen zu wollen, anstatt die Darsteller etwas selbst finden zu lassen, nimmt ihnen den Mut und die Lust am Spiel.

Eine kritische Selbstreflexion kann dem Spielleiter helfen, sich seine „Rolle" Regisseur innerhalb der Gruppe bewußt zu machen: Kenne ich meine eigenen Möglichkeiten, Grenzen und Unsicherheiten? Wie wirken sie sich auf die Darsteller aus? – Kenne ich die Möglichkeiten und Grenzen der Darsteller? Wie gehe ich damit um? – Kommt der Dialog zwischen mir und den Darstellern zustande? Lobe ich zu viel oder zu wenig? – Wie wirken meine Regieanweisungen auf die Darsteller? – Wie kritisiere ich? – Liegen die Umsetzungsfehler beim Darsteller oder habe ich nicht verständlich genug erklärt und demonstriert?

Gesichtspunkte für das Auswählen und Aufführen von Textstücken

Das Angebot an Spieltexten ist groß. Nicht selten müssen sie jedoch gekürzt, umgeschrieben oder gerafft werden. Es ist immer von Vorteil, einen Text gemeinsam in der Gruppe zu lesen und nach verschiedenen Gesichtspunkten zu beleuchten. So muß geklärt werden, ob sich der Stoff für eine Aufführung lohnt, ob der Text überzeugend ist und sprachliche Qualität hat. Es ist auch zu überprüfen, ob die Handlung logisch aufgebaut, lebendig und interessant ist und welche spielerischen Möglichkeiten im Text stecken. Die Spielgruppe wird sich fragen müssen, ob das Stück ihrem Leistungsvermögen entspricht und die vorhandenen technischen Gegebenheiten ausreichen, um es bühnenwirksam aufzuführen. Nicht zuletzt stellt sich für die Rollenbesetzung die Frage nach den Personen der Handlung und ihren Charakteren.

Vielleicht kommt die Gruppe nach der Überprüfung einiger Spielvorlagen zu dem Schluß, selbst ein Stück zu schreiben.

Für die Aufführung von Textstücken empfiehlt sich das Anlegen einer Checkliste, in der die wichtigsten Überlegungen festgehalten werden:

I. Vorplanung
   - Zusammensetzung der Gruppe, Zahl der männlichen und weiblichen Mitspieler. Handelt es sich um eine spielerfahrene Gruppe oder um Anfänger?
   - Wo wollen wir spielen? (Gruppen- oder Klassenraum, Saal, Bühne, freier Platz, Straße?)
   - Was wollen wir spielen?
   - Wie lange wollen wir spielen?
   - Wieviele Akteure werden für das Stück benötigt?
   - Für welches Publikum wollen wir spielen?

II. Spielgestaltung (Dramaturgie)
   - Textvorlage und Inhalte ganzheitlich erfassen und auf die Spielbarkeit hin überprüfen. Wie steht die Gruppe zu dem Stück?
   - Welche Personen (Charaktere) enthält das Stück?
   - Muß die Sprache/Ausdrucksweise (Dialekt?) verändert werden?
   - Läßt sich die Geschichte an einem Ort, mit einem Bühnenbild spielen?
   - Festlegung des Bühnenbildes:
     Welche Requisiten und Gegenstände werden benötigt?
     Einen Grundriß aufzeichnen (Wo steht was?)
     Bühnenbild markieren, um schnellen Umbau zu ermöglichen.
     Requisitenliste für die einzelnen Szenen aufstellen.
     Wo sollen die Requisiten stehen?
     Beleuchtung. Sind Steckdosen im Bühnenbereich vorhanden? Gibt es festinstallierte Scheinwerfer?
   - Wird ein Tonbandgerät oder Plattenspieler benötigt?
   - Welche Kostüme müssen vorhanden sein? Wird Schminke benötigt?

III. Proben
   - Der Spielleiter befindet sich vor der Bühne. Er hat so den besten Überblick.
   - Leseproben, um Hemmungen abzubauen und Sicherheit zu gewinnen.
   - Üben von Aussprache und Betonung.
   - Mimisches Darstellen einzelner Teile.
   - Rollenverteilung. Wer spielt wen? Verschiedene Spielversuche werden durchgeführt.
   - Wer ist wann an der Reihe. Erstellen des Auftritt-Planes.

– Spielproben. Sitzt der gelernte Text?
– Hineinwachsen in die Rolle durch Kontrollieren von Sprache, Ausdruck, Tonfall, Mimik, Gestik und Bewegung. Stets daran denken: Kein Ausdrucksmittel steht für sich allein.
– Stellproben: Wer bin ich? Wo stehe ich? Wo bin ich?

IV. Aufführung
– Spielleiter, Darsteller und technische Mitarbeiter erscheinen spätestens eine Stunde vor der Aufführung.
– Alle Requisiten müssen zur Stelle sein.
– In Ruhe umkleiden und schminken.
– Beleuchtung und technische Geräte inspizieren.
– Spielen.

V. Reflexion
– Nach der Aufführung gemütliches Beisammensein aller Mitwirkenden. Diskussion und Auswertung.

Zur Vertiefung wollen wir uns einige Punkte der Checkliste etwas näher anschauen:

Schminken

Wir schminken immer dann, wenn es auf besondere charakteristische Ausprägung ankommt; z.B. bei der Pantomime oder beim Groteskspiel.

Bei grellem Bühnenlicht wirken die Gesichter fahl und ausdruckslos. Auch hier ist das Schminken berechtigt. Ebenso, wenn in einem großen Raum gespielt wird.

Richtiges Schminken bedarf neben Erfindungsgabe und Fantasie der Übung und Schulung eines objektiven Auges.

Die grundlegenden Arbeitsmaterialien sind ein Spiegel, ca. 3 cm dicke Schwämme, weiche Puderquasten, mehrere Pinsel für Falten- und Flächenabschattierung, Konturenstifte, einen Stielkamm, Haarklammern und ein Fensterleder.

Zur Aufbewahrung der Materialien eignen sich besonders ein Angel- oder Reparaturkoffer mit zwei oder drei ausklappbaren Einsätzen mit Fächerverteilung.

Schminkmaterial: Wir unterscheiden zwei Arten von Schminke: Fettschminke und Wasserschminke.

Fettschminke ist im Handel in Tiegeln oder Tuben erhältlich. Sie ist weniger deckend, läßt sich jedoch leichter verteilen. Durch eine Puderschicht erhält sie die nötige Haltbarkeit. Die nicht so geschmeidige Wasserschminke ist deckender als Fettschminke, erschwert dafür das Verwischen anderer Farbtöne auf dieser Grundlage. Aufgrund ihrer Mattheit muß Wasserschminke nicht überpudert werden.

Beide Arten von Schminke halten auch bei extremer Transpiration.

Es empfiehlt sich für Spielgruppen, von beiden Schminksorten ein Sortiment natürlicher Grundfarben anzulegen, wie z.B. braunrosé, mittelbraun, elfenbein, rotbraun, gelbbraun und ein fahles Braun.

Dermographen sind Konturenstifte, die sehr weich zeichnen und in verschiedenen Farben wie weiß, hellrot, altrot, braun, dunkelbraun, schwarz, blau und grün erhältlich sind. Aufgezeichnete Linien können zu kleinen Flächen verwischt werden.

Puder: Besonders geeignet sind neutrale, transparente Puder.

Wollcrepe: Eine zu einem festen Strang geflochtene lose Wolle, die nach dem Auszupfen und Kämmen als Bart, Schnurrbart oder Augenbrauen aufs Gesicht geklebt werden kann. Wollcrepe gibt es in vielen verschiedenen Farben.

Nasenkitt ist eine knetbare, hautfarbene Wachskombination zur Veränderung von Nase, Kinn und Gesicht in Form von Warzen, Wunden, Narben, Höckern, usw.

Latex, ein flüssiger Formgummi wird eingesetzt zur Herstellung von Glatzen, Nasen und Wunden.

Abschminke: Während sich Wasserschminke mit Waser und Seife entfernen läßt, ist Abschminke eine Art Vaseline zur Entfernung von Fettschminke. Schließlich benötigen wir noch eine milde *Seife,* um Hände, Augenbrauen, Schläfen und benutzte Schwämme zu waschen und **Aceton** zur Entfernung von Bartleim.

Die genannten Schminkutensilien sind im Fachhandel größerer Städte erhältlich. Anschriften finden sich in der Regel in den „Gelben Seiten" der örtlichen Telefonbücher.

Verkleidungen

Verkleidungen signalisieren dem Zuschauer, daß man sich außerhalb der alltäglichen Wirklichkeit befindet. Sie sollten auch Anreiz sein, sich unüblich zu verhalten bzw. sich besser mit der gespielten Rolle zu identifizieren. Zur Kostümierung können alle nur erdenklichen Kleidungsstücke benutzt werden. Alte Jacken, Hosen, Mäntel und Röcke, die zu groß sind, geben – je nach Vorhaben – dem Spiel eine komische Note. Neben dem vorhandenen Reservoir an eigenen Verkleidungen, bieten Kaufhäuser besonders während der Faschingszeit Artikel an, die sich für das Theaterspiel eignen: Masken, Halbmasken, Perücken, Bärte, Helme, Zylinder, Turbane und vieles mehr.

Bühnenbild

In den meisten Fällen fehlen genügend technische Hilfskräfte. Auch verfügt die Laienbühne nicht über die reichhaltigen Hilfsmittel der Berufsbühne.

Für unser Vorhaben sollte das Bühnenbild deshalb möglichst unkompliziert sein.

Die gebräuchlichsten Hilfsmittel sind:
Grundmöbel, die leicht verändert werden können; Podeste, Podien, Würfel, Blöcke;
Wände, Vorhänge, Stellwände, transparente Wände;
Stell-, Hänge- und Drehkulissen;
Stoffe (Gaze, Nessel, Molton);
Holzleisten, Dachlatten;
Plaka- und Leimfarben;
Farbe für den Bühnen-Hintergrund (Grautöne nehmen gut farbiges Licht an!).

Beleuchtung

Für Aufführungen ist ein genauer Beleuchtungsplan erforderlich, in dem die einzelnen Beleuchtungspositionen in Stichworten festgelegt sind.

Die Beleuchtung muß sich ebenso wie Bühnenbild, Kostüme, Musik und Geräusche dramaturgisch in den Spielablauf einordnen.

Bei den Proben wie bei der Aufführung sollte die Beleuchtung in einer Hand (Beleuchter) liegen.

Die Beleuchtungsmöglichkeiten reichen von Rampenleuchten, Oberlichtern, Tiefstrahlern und Horizontlampen bis zu Verfolgungsscheinwerfern, Projektoren und Bildwerfern. Bei Anschaffung verschiedener Beleuchtungsquellen empfiehlt es sich, genauere Auskünfte im Elektrofachhandel einzuholen. Noch ein wichtiger Hinweis zum Schluß: Glanzstoffe, lackierte Requisiten und Versatzstücke aus Glanzpapier refklektieren und rufen unschöne Blendungen hervor.

74

Lebendige Theaterformen

Das Theaterspiel hat nicht nur eine Mitteilungs-, sondern auch Kundgabe und Ausdrucksfunktion. Es ist darüber hinaus eine Versammlungsform von Menschen, die auf der Grundlage von Rollen und fiktiven Situationen gemeinsam szenisches Spiel verwirklichen.

Beim sogenannten unmittelbaren, lebendigen Theater geht das Spiel von der Gruppe der Akteure und vom Publikum aus. Der Unterschied zwischen beiden Gruppen löst sich auf. Durch diese besondere Art des Sich-Betätigens eröffnen sich für den einzelnen vielfältige Möglichkeiten zur kreativen Selbstentfaltung.

Die offenste Form des lebendigen Theaters ist die *Spielaktion.* Außer einigen Grundregeln, dem Spielraum und den Spielmaterialien wird dem Publikum für seine Improvisationen nichts vorgegeben.

Der *Theater-Workshop* versucht, interessierten Teilnehmern einen Einblick in verschiedene Möglichkeiten der Theaterarbeit zu geben. Dazu gehört an erster Stelle das Sammeln eigener Erfahrungen beim Theaterspielen. Über einen längeren Zeitraum wird z.B. an einem Tag in der Woche oder an Wochenenden gearbeitet. Themenschwerpunkte können sein: Theater und Bewegung, Theater und Text, Theater und Musik, Theater und Maske. Im Anschluß an ein Projekt kann eine Werkstattaufführung stehen, die die Arbeit der jeweiligen Gruppe demonstriert. Nicht selten besteht bei den Teilnehmern am Ende eines Workshops der Wunsch, in einer festen Amateur-Theatergruppe weiterzuarbeiten und die gewonnenen Kenntnisse und Fähigkeiten zu vertiefen.

Eine traditionelle Form des lebendigen Theaters ist das *Mitspieltheater,* das es bereits bei den Mysterienspielen des Mittelalters gab. An den Spielhandlungen waren alle beteiligt. Die Gaukler, Schauspieler und Komödianten mischten sich direkt unters Publikum, um ihre Späße zu treiben. Auch beim heutigen Mitspieltheater sprechen die Sprecher das Publikum direkt an. Dafür hat die Spielgruppe charakteristische Szenen und Szenenfolgen ausgearbeitet, die jedoch für die Mitwirkung des Publikums noch Wahlmöglichkeiten und Lücken offenlassen.

Patentrezepte für gutes Mitspieltheater gibt es nicht. Die Darsteller fordern die Zuschauer auf, einfache Rollen und Funktionen zu übernehmen und gehen auf Reaktionen, Vorschläge und Zwischenrufe ein. Dies stellt an das Spiel- und Improvisationstalent und die Spontaneität der Darsteller besondere Anforderungen.

Die Bereitschaft des Publikums, sich auf ein Mitspiel einzulassen,

hängt wiederum von der eigenen Gelöstheit, dem Mut und den Spielerfahrungen der Spielgruppe ab. Ebenso wichtig ist das Niveau des
Programms, das möglichst eine Beteiligung aller zulassen sollte.

In erster Linie geht es beim Mitspieltheater um das Miteinander,
dann erst um das Theater.

Für das Spiel mit Publikum gilt:

– Die Aufgaben müssen klar umrissen sein.
– Dem Zuschauer nicht zu viel zumuten, ihn nicht überfordern.
– Gegenseitige Wertschätzung zeigen. Sich nicht auf Kosten des
  Publikums lustig machen. Die Zuschauer sollten auch nicht stören,
  herabsetzen oder gar beleidigen.
– Dem Publikum mitteilen, daß es Spaß macht, mit ihm zu spielen.

Mitspieltheater kann in einem großen Raum oder im Freien durchgeführt werden. Entschließt sich die Spielgruppe zur Freilichtaufführ-
rung, muß sie u.a. folgende Vorüberlegungen anstellen: Was wollen
wir spielen? – Wo soll gespielt werden? – Wem gehört das Gelände,
auf dem gespielt werden soll? Die Spielerlaubnis muß beim Eigentü-
mer und beim Ordnungsamt eingeholt werden. – Ist das Spielgelände
für Darsteller und Publikum mühelos erreichbar? – Welchen Umfang
haben die Requisiten? Werden Transportmittel benötigt? – Stehen an
Ort und Stelle die Anschlüsse für technische Geräte zur Verfügung
(Beleuchtung, Musik, ggf. Verstärkeranlage)?

Wie beim Mitspieltheater lebt auch das *Straßentheater* von der
Phantasie seines Publikums. Es geht auf Reaktionen, Zwischenrufe
und Vorschläge ein oder fordert das Publikum auf, selbst einfache
Rollen und Aufgaben zu übernehmen. Vom einfachen Zurschaustellen
über Umzüge bis zur Spielaktion und Aufführung reichen die Spielformen des Straßentheaters.

Das Spiel auf der Straße bedeutet für ungeübte und schüchterne
Spieler zuerst einmal Hemmungsabbau und Überwindung. Am An-
fang kann die Maskierung durch Papp- oder Schminkmasken einen
Schutz bieten. Bevor sich eine Gruppe in den großen Trubel stürzt,
kann sie natürlich auch vor Kindern aus der Nachbarschaft spielen.
Sie sind ein dankbares Publikum und geben den Spielern für ihre
Selbsteinschätzung wichtige Rückmeldungen.

Für das Straßentheater gilt ebenso wie für die anderen darstellenden
Spielformen: Mit einfachen Übungen und Spielhandlungen beginnen.

Hier einige Vorschläge:

- Themenbezogene „Standbilder" bzw. „Statuen" an bestimmten Stellen in Fußgängerzonen aufstellen.
- Spaziergang mit geschminktem Gesicht und/oder Maskenanzug.
- Mit großen Puppen umhergehen und spielen.
- Aus Materialien (Styropor, Kartone usw.) eine überdimensionale Maschine bauen und mit ihr spielen.
- Mit einem Handkarren, Musik und Gauklern herumziehen, spielen und tanzen.
- In der Fußgängerzone mit einem Aschenbecher umhergehen und die Passanten bitten, ihre Zigarettenasche dort hineinzugeben.
- Stück aufführen und die Passanten einbeziehen.
- Theaterstück nach Textvorlage aufführen.
- Pantomime, Sketch, Zirkus, Kabarett.

Straßentheater verläuft in der Regel in sechs Schritten:

1. Der Spielort wird aufgesucht.
2. Wir erzeugen Aufmerksamkeit und locken Leute an.
3. Neugier und Interesse werden geweckt.
4. Das Spiel „läuft" ab.
5. Höhepunkt und Abschluß.
6. Räumen des Spielortes, weiterziehen.

Gegen Störungen beim Straßentheater ist kein Kraut gewachsen, und so gibt es auch kein Rezept. Bevor verkrampft weitergespielt wird, geht man ruhig darauf ein. Meist können die Spieler mit der Unterstützung von Zuschauern rechnen, wenn sie Störungen allzu dumm und belästigend sind.

Wer Straßentheater machen will, muß in der Bundesrepublik sein Vorhaben beim zuständigen örtlichen Ordnungsamt oder bei der Polizei anmelden. Theatergruppen, die vorhaben, am Ende ihrer Vorführung mit dem Hut herumzugehen und Geld zu sammeln, benötigen einen Gewerbeschein für Schausteller, der in der Regel gegen Gebühr von den Finanzämtern ausgestellt wird.

Kabarett – menschliche Schwächen durchleuchten

Humor kann eine sehr wirksame „Waffe sein, besonders dann, wenn sie sich gegen sehr „ernste" Verhaltensweisen richtet und sie als groteske Stereotypen entlarvt.

Das Kabarett hat sich stets zeit- und sozialkritisch mit Zuständen und Ereignissen auseinandergesetzt. Mit Humor, Witz, Glosse und Ironie werden in dieser Kleinkunstform meist aktuelle Geschehnisse, Personen und Begebenheiten aufgegriffen, die dem Publikum bekannt sind oder mit dem es bekannt gemacht werden soll. Insofern benötigt das Kabarett ein Publikum, das mitdenkt und geistig beweglich ist. Das Kabarett selbst sollte aus 5–7 männlichen und weiblichen Spielern bestehen, die in der Lage sind, zu einem Ensemble mit gleicher Zielrichtung zusammenzuwachsen. Spielerische Erfahrungen des einzelnen sind wünschenswert, da im Kabarett mehr verlangt wird als im Laienspiel. Jeder einzelne Akteur muß kurz hintereinander in verschiedene, nicht selten gegensätzliche Rollen einsteigen; zudem muß er in der Lage sein, ein Lied halbwegs sauber und klangvoll zu singen.

Wenn sich eine feste Gruppe zu einem Kabarett-Ensemble zusammengefunden hat, das öffentlich auftritt, wird es sich auch einen einprägsamen Namen zulegen.

Das Programm enthält unterschiedliche satirische Szenen und Darbietungen, wobei jedoch ein „roter Faden" zum Gesamtthema durch die ganze Veranstaltung läuft.

Die Elemente des Kabaretts sind:

1. Opening (Auftrittslied oder Wortbeitrag) mit Leitmotiv.
2. Sketch: besondere Situation des täglichen Lebens mit unerwarteter Schlußpointe.
3. Chanson: gesungene Ballade.
4. Black-outs: oft gleich mehrere hintereinander gespielte Witze.
5. Song: hart, kraftvoll, rhythmisch, betont.
6. Couplet: humoristischer Sologesang mit stereotyp wiederkehrender Redensart als Verbindung einer Vielzahl von menschlichen Situationen mit grotesk-komischer Wirkung.
7. Moritat: Bänkelgesang mit viel Pathos.
8. Quodlibet: Montage aus Liedern/Liedparodien.
9. Sprechchor: Soli, Gruppen- und Gesamtchor.
10. Finale: Bilanz des kabarettistischen Nummernprogramms (Auftritt der Gesamtgruppe).

Das Thema des Programms ist somit gleichzeitig Leitgedanke für die einzelnen Spielszenen. Die Dialoge müssen stimmen, d.h. Rede und Gegenrede sind pointiert und folgen Schlag auf Schlag.

Themen finden sich immer, um aufgegriffen zu werden. Die Tagespresse, Illustrierte, Rundfunk und Fernsehen sind der beste Ideenlieferant für ein Kabarettprogramm. Kommentare, Nachrichten und

Notizen lassen sich durchleuchten und zu Monologen oder Dialogen verarbeiten.

Die Bedeutung des Jugendkabaretts liegt in der konstruktiven Auseinandersetzung mit anderen Meinungen und der Förderung der Kritikfähigkeit. Die Spieler üben ihre sprachlich-mimisch-gestische Ausdrucksfähigkeit und können ihre Vorstellungen zusammen mit anderen verwirklichen. Jugendliche können scharfe und direkte Beobachter sein. Das Jugendkabarett sollte sich nicht ausschließlich die „große Politik" zum Thema machen, sondern sich vorrangig mit den Schwächen und Mißständen im eigenen Lebensumkreis beschäftigen. Die Texte sollten die Jugendlichen unbedingt selbst schreiben. Dabei müßten Objektivität, Wahrheitsliebe, Humor und Takt für einen Kabarettisten selbstverständlich sein.

Als *Denkanstöße bzw. Themenvorschläge* für Kabarett-Programme bieten sich z.B. an:

- „Konsumenten-Oper" – Von Reklame umnebelt (Werbung unter der Lupe).
- Lebensqualität – Was ist das?
- Sport aktuell (Persiflage auf den Profi- und Leistungssport).
- Montag, Dallas, Denver, Donnerstag, Freitag, Schwarzwaldklinik (Persiflage auf Fernseh- „Seifenopern").
- Modetrends der Herbst-/Wintersaison 1999.
- Was ist mit der Jugend los? Arbeitslos!
- Bis daß die Umwelt umfällt! (Umweltverschmutzung unter der Lupe).
- Stammtischpolitik (Intoleranz und Vorurteil und wie man mit ihnen umgeht).

Die Qualität des Programms, das von einer festen Spielgruppe erarbeitet wird, hängt von verschiedenen Gesichtspunkten ab:

- Die Spieler müssen deutlich und klar sprechen können und ihre übernommene Rolle sofort verkörpern. Damit beim Publikum der „Groschen" nicht zu spät fällt, müssen die Pointen sitzen.
- Ähnlich wie die Schlagzeile einer Zeitung muß der Programmtitel treffend sein.
- Die verschiedenen Elemente des Kabaretts sollten in einem Programm zum Tragen kommen. Optische und akustische Angebote müssen sich ebenso abwechseln wie heitere und ernstere. Je nach Darstellerzahl lösen sich dabei Solo-, Duo-, Trio- und Ensembledarbietungen ab.

- Die Kabarett-Nummern werden mit Tempo angeboten. Bevor sich die Spielgruppe an ein ganzes Programm wagt, wird sie sinnvollerweise erst einmal einzelne Szenen ausprobieren und an einem Gruppennachmittag oder auf einem Bunten Abend vorstellen.
- Der Raum sollte eine gewisse Gemütlichkeit und Intimität ausstrahlen, da das Kabarett Geselligkeit verlangt.
- Das Kabarett begnügt sich mit wenigen Ausstattungselementen. Als Bühne reicht eine mit Vorhängen oder Stellwänden abgegrenzte Spielfläche. Die Dekoration muß leicht transportabel sein. Für Requisiten, Möbel und Kostüme gilt: So wenig wie möglich!
- Die Beleuchtung muß besonders hell sein, damit das Publikum die Mimik der Akteure gut verfolgen kann.
- Ein wichtiges Element des Kabaretts ist die Musik. Auf sie sollte nicht verzichtet werden. Wenn es kein Mitglied gibt, das ein Instrument beherrscht, wird die Technik (Kassettenrecorder oder Tonband) eingesetzt.

„Die Kleinkunstbühne", schrieb T. Budenz in seinem gleichnamigen Buch treffend, „lebt von einer raffinierten Pimitivität. Raffiniert, weil diese Primitivität gekonnt sein muß. In ihrem Stil ähnelt sie dem totalen Theater des Kindes, dem ein Stück Holz zur Puppe, ein Stuhl zum schnellsten Auto der Welt wird." Für den bekannten Kabarettisten Werner Schneyder ist „Kabarett die szenische Darstellung von Satire und Satire die artistische Ausformung von Kritik".

Problemorientiertes Rollenspiel – soziales Lernen in der „Als-ob-Realität"

In den vorangegangenen Kapiteln haben wir uns mit Formen des sozialen Rollenspiels (Pantomime, Stegreifspiel, Theater) beschäftigt. Beim problemorientierten Rollenspiel geht es darum, daß wir uns auf Stimmungen, Verhaltensweisen und Eigenarten einstellen, sie uns zu eigen machen und spüren, wie unser Gemüt und Verstand darauf reagieren.

Die Teilnehmer machen Erfahrungen, die ihr Verständnis für menschliche Wahrnehmungen, Gefühle und Handlungen fördern und zu einem in ähnlicher Situation effektiveren Verhalten beitragen können. Durch die freiwillige Übernahme einer Rolle in der „Als-ob-Realität" wird soziales Lernen möglich und die Verarbeitung von Realität beobachtbar gemacht. Das problemorientierte Rollenspiel kann sich sowohl an der Vergangenheit wie an der jeweiligen Gegenwart orientieren, indem entweder geschichtliche Abläufe oder aktuelle persönliche, familiäre oder gesellschaftliche Ereignisse zu Spielinhalten werden.

Die Spieler sind gezwungen, ihre Gedanken und Gefühle auf der Stelle auszusprechen als würden sie selbst die Person sein, deren Rolle sie spielen. Dieses kann beim Rollenspiel wesentlich freier geschehen als beim richtigen Theaterspielen, auch wenn es durch das Rollenspiel gelernt wird. Denken, Fühlen und Handeln bilden im Rollenspiel eine Einheit.

Die Intention des problemorientierten Rollenspiels läßt sich im wesentlichen in 8 Kernaussagen zusammenfassen:

1. Die Teilnehmer lernen mit Rollen zu spielen und zu experimentieren.
2. Rollenverhalten und soziale Konflikte werden bewußt gemacht.
3. Die Teilnehmer entwickeln eine bessere Sensibilität für das Verhalten anderer und können sich leichter in das Verhalten anderer hineindenken.
4. Die Spielpartner lernen, ihre Gefühle einander verständlich zu machen.
5. Die Schwierigkeit von Beobachtungsvorgängen und deren Deutung wird erkannt, die Beobachtungsfähigkeit verbessert.
6. Durch die Spielpartner in der Gruppe wird unmittelbare Rückmeldung gegeben.
7. Neues Verhalten und dessen Wirkung auf andere wird erprobt; soziale und persönliche Konsequenzen des Verhaltens werden deutlich.
8. Der Lösungsprozeß im Rollenspiel findet spielerisch statt. Somit ist die Änderung des sozialen Verhaltens für die einzelnen Beteiligten leichter.

Spielleitung und Spielverlauf

Problemorientiertes Rollenspiel ist weder Theater noch geselliger Spaß, sondern vielmehr eine Methode zur Problemlösung, die vom Spielleiter und den Teilnehmern alle Techniken kritischen Urteilens (Zuhören, Diskutieren, Problemlösen und Reflektieren) verlangt.

Der Spielleiter hilft den Teilnehmern in realitätsnahen Situationen (so-tun-als-ob) ihr Verhalten zu erproben, analysieren, verändern und festigen und gleichzeitig inhaltliche Probleme zu lösen, ohne ernsthafte Situationen bei möglichem Fehlverhalten fürchten zu müssen.

Der Spielleiter belehrt nicht, sondern hilft „richtiges Problemlösen" zu lernen. Er verhält sich objektiv und unparteiisch und hilft somit den Teilnehmern, ihre gegenseitigen Gefühle zu tolerieren und zu respektieren. Beim Auswertungsgespräch lenkt der Spielleiter die Aufmerksamkeit der Beobachter auf mögliche Lösungsansätze in der gespielten Szene und regt zum Nachdenken an.

Der Ablauf des problemorientierten Rollenspiels muß gut vorbereitet werden.

Zu den wichtigsten Grundüberlegungen gehören:

1. Planung

Lassen sich durch die Thematik bestimmte Verhaltensweisen bzw. Gefühle sichtbar machen? Ist eine lebendige Diskussion im Anschluß an das Spiel möglich? Beinhaltet das Rollenspiel eine klare Zielsetzung? Bestehen die atmosphärischen Voraussetzungen für die Durchführung eines Rollenspiels?

Die Problembestimmung, die Wahl des Themas, findet gemeinsam durch Teilnehmer und Spielleiter statt. Die Spieler erörtern, inwieweit ihnen das Thema wichtig erscheint. Ein aktueller Anlaß oder ein Ereignis in der Gruppe selbst können Grundlage für ein Rollenspiel sein.

Nach Festlegung der darzustellenden Rollen werden Darsteller ausgewählt, wobei Wunsch und Interesse entscheidend sind. Zurückhaltende Spieler werden vom Spielleiter ermutigt.

Die Zuschauer werden auf ihre Rolle als kritische Beobachter eingestellt. Beobachtungsziele werden abgesprochen und vereinbart.

Da ohne eine Diskussion das eigentliche Ziel eines Rollenspiels verfehlt wird, ist eine aktive Teilnahme der Zuschauer in der Diskussion von besonderer Bedeutung.

2. Beginn des Spiels

Um jedem Spieler Gelegenheit zur Teilnahme am Dialog zu geben, sollten am Spiel nicht mehr als 4 Personen beteiligt sein. Die Darsteller müssen versuchen, sich in die Rollen der dargestellten Personen hineinzuversetzen, wobei Spontaneität ebenso wichtig ist, wie eine natürliche, realistische Sprache.

Das Rollenspiel dauert in der Regel so lange, bis das Problem deutlich geworden ist. Beginnen sich die Teilnehmer zu langweilen, ist es abzubrechen.

3. Reflexion

Welche Haltungen im Rollenspiel nach außen sichtbar werden, können wir nur erfahren, wenn wir das Spiel von außen beobachten, beschreiben und interpretieren.

In erster Linie können die Beobachter beschreiben, welche Wirkung die Haltung einer Person auf die andere hat. Bei der Interpretation von Situationen und Haltungen kommen die persönlichen Empfindungen, Erlebnisse und die Fantasie der Beobachter ins Spiel, vergleichbare Verhaltensweisen und Erlebnisse werden erinnert und auf die wahrgenommenen übertragen. Die Darsteller erläutern, in welcher Sicht sie die anderen gesehen haben. Im Dialog mit den Beobachtern werden so Zusammenhänge zwischen Verhalten und den Auswirkungen dieses Verhaltens verdeutlicht und neue Lösungswege entwickelt. Wenn es die Gruppe wünscht, können auf der Grundlage des Reflexionsgesprächs noch andere Lösungsmöglichkeiten durchgespielt und anschließend diskutiert werden. Dabei kann ein Rollenwechsel zwischen Darstellern und Beobachtern stattfinden.

Themen- und Spielvorschläge

Vor dem Spiel müssen sich die Teilnehmer mit dem Problem, dem Thema auseinandersetzen, ohne die Rollen vorher starr festzulegen, da es sonst zum Theaterspiel kommt, nicht jedoch zum Rollenspiel wird. Die Spontaneität sollte auf jeden Fall erhalten bleiben.

Themen finden sich in den Lebensbereichen Familie, Freundschaft, Schule, Beruf und Gesellschaft. Menschliche Beziehungen lassen sich darstellen in Konfliktsituationen wie Streit, Integrationsschwierigkeiten, Autoritätskrise, Rivalität, Antipathien, Berufskonflikt, Konsumhaltung und Rollenklischees.

Für die Arbeit mit Schüler-, Jugend- und Erwachsenengruppen eignen sich z.B. als Themen:

- Vater eröffnet der Familie, daß er arbeitslos ist.
- Mutter teilt mit, daß sie sich scheiden lassen will.
- Sohn gibt bekannt, daß er die Lehre abgebrochen hat.
- 16jährige Tochter eröffnet den Eltern, daß sie schwanger ist.
- Minderjährige Tochter möchte bei Freunden im Anschluß an eine Fete übernachten.
- In unserem Büro wird nicht geraucht!
- Spannungen in der Jugendgruppe (in der Klasse, am Arbeitsplatz).
- Die Familie hat einen Lotteriegewinn von 6700,– Mark erzielt. Eltern und zwei Kinder (13 und 17 Jahre alt) haben unterschiedliche Vorstellungen der Verwendung.
- Großvater hat eine neue Freundin. In der Familie bestehen gegensätzliche Auffassungen.
- Die Eigenarten des Partners stören mich.
- Vorurteile: Typisch Frau, Typisch Mann; typisch Ausländer; typisch Alte, typisch Jugend, typisch Lehrer.
- Streit ums Fernsehprogramm.
- Ärger mit den Nachbarn.
- Intoleranz: Was trägt die bloß für Klamotten? Der läuft 'rum, wie ein Lackaffe!
- Beziehungsprobleme zwischen Kindern und Eltern: Die verstehen uns nicht!
- Zuviel Lärm: Vermieter beschwert sich bei Mietern.
- Mieterhöhung ist unberechtigt: Mieter im Streitgespräch mit Vermieter.
- Fehlerhafte Ware: Auseinandersetzung zwischen Käufer, Verkäufer und Ladenbesitzer.

Planspiel – modellhafte Wirklichkeit

Ursprünglich bildete das Planspiel im 19. Jahrhundert eine wichtige Aus- und Fortbildungsmethode im militärischen Bereich.

In der heutigen Spielpädagogik gibt es für den Begriff des „Planspiels" eine Vielfalt unterschiedlicher Bezeichnungen: Entscheidungsspiel, Simulationsspiel, Strategiespiel, Konfliktspiel, Computerspiel und andere.

Kennzeichen aller dieser Spielansätze ist die Simulation, d.h. die Nachahmung der Realität in einem Modell, um die Situation besser zu verstehen, und so neue Verhaltens-, Entscheidungs- und Handlungsmuster zu entwickeln.

Das Planspiel versucht, problem- und sachorientiert, komplizierte und abstrakte Zusammenhänge durch eine vereinfachte Darstellung durchschaubar und nachvollziehbar zu machen.

Planspiele gehen stets von einer Problemstellung in Form eines Falles aus, der entschieden werden soll. Meist ist im Rahmen des Spielmodells eine Kette von Entscheidungen erforderlich, die Konsequenzen der Spielentscheidung deutlich machen. Die Spielteilnehmer werden zu Beginn mit der zusammenhängenden Spielproblematik konfrontiert.

Planspiele ermöglichen in einer Spielgruppe zwangloses kooperatives Verhalten, in dem Lernen und Handeln eine Einheit bilden. Da sich die Lerninhalte am Bedürfnis-, Erfahrungs- und Bildungsniveau der Teilnehmer orientieren, muß Motivation nicht künstlich geweckt werden.

Planspiele machen sichtbar, wie bestimmte Rollen innerhalb eines Systems funktionieren können oder müssen, wie z.B. die Umwelt, gesellschaftliche, wirtschaftliche, juristische, soziale oder institutionale Zwänge das Verhalten von Einzelpersonen und Gruppen bestimmen.

Heute gibt es für z.T. viel Geld eine Fülle vorgefertigter Plan- bzw. Strategiespiele. Das Entwerfen eigener, von den Bedürfnissen der Gruppe ausgehender Spiele, ist trotz des Aufwands immer noch instruktiver als die gekaufte, da Eigenbeteiligung und Aktivität der Mitspieler schon im Entwurf gefordert werden.

Erlebnisreiche Planspiele müssen nicht besonders kompliziert sein. Es lassen sich Spiele durchführen, die nicht länger als eine Stunde dauern und trotzdem vielfältige Erfahrungen bringen. Sie müssen gut vorbereitet und auf die Interessen und Lernbedürfnisse der Teilnehmer abgestimmt sein. Der Spielleiter sorgt für einen reibungslosen Ablauf, gibt gegebenenfalls Instruktionen und hilft bei der Auswertung des Planspiels. Wichtig ist, daß Planspiele immer spielerisch bleiben, also nicht für spielfremde Ziele und Inhalte mißbraucht werden.

Ablauf von Planspielen

1. Planung (Vorbereitungsphase)
Thema bzw. Problem, Zielsetzung und Situation werden bestimmt. Wir klären, was gelernt werden soll (z.b. Fertigkeiten, Fähigkeiten, Gefühle, Zusammenhänge, Systeme, Abhängigkeiten).
Wir stellen Material und technische Hilfsmittel (Medien) zusammen, legen die Rollen fest und verteilen sie an die Spieler (z.B. schriftlich auf Karteikarten). Dabei erklären wir, welches Verhalten die einzelnen Spieler zeigen sollen (Charakter, Einstellungen, Gefühle).
Wir versuchen nun die wirkliche Situation modellhaft nachzubilden (z.B. Arbeitsplatz in einer Fabrik, Situation bei einer Konferenz oder Gerichtsverhandlung) und erstellen einen Organisationsplan (Spielverfahren). Er klärt, wer sich mit wem auseinandersetzen muß und wie die einzelnen Personen und Gruppen miteinander agieren.
In dieser Planungsphase führen wir die ersten Spielversuche durch und überarbeiten gegebenenfalls noch einmal das Konzept.

2. Aktion (Spielphase)
Der eigentliche Spielverlauf wird durch das vorgegebene Thema, die Rolleninhaber, die Situation und den Organisationsplan bestimmt.
Der Ausgang ist in der Regel offen. Es empfiehlt sich, vor Beginn des Planspiels eine Beobachtergruppe zu bilden.

3. Reflexion (Auswertungsphase)
Das Planspiel wird stets im gemeinsamen Gespräch ausgewertet. Es stehen mehrere Spielformen (z.B. Diskussion, Debatte, Besichtigung, Exkursion) zur Verfügung. Sie sind abhängig von den materiellen und räumlichen Gegebenheiten und nicht zuletzt von der Spielbereitschaft und dem Engagement der Spieler.
In der Reflexion werden Fragen geklärt wie: Welches emotionale Klima herrschte? Wie waren Verlauf und Ergebnis des Spiels? Wie verlief die Kommunikation? Lassen sich Erkenntnisse auf vergleichbare Situationen des Alltags übertragen?
In den drei Phasen des Planspiels sollten zwei Personen auf die Einhaltung von Regeln und Zeiten achten.

Der Ablauf in der Übersicht:

Planung

Vorbereitungsphase

1. Problem- u. Zielstellung
2. Fall- u. Situationsbeschreibung
3. Rollenverteilung
4. Organisationsplan festlegen
5. Material, Medien, technische Hilfsmittel bereitstellen
6. Erste Spielversuche

Aktion

Spielphase

1. Ablauf des Planspiels nach Fall- u. Situationsbeschreibung
2. Aktion, Improvisation, Produktion
3. Entwickeln zielbezogener Lösungen

Reflexion

Auswertungsphase

1. Das Spiel ist beendet.
   Akteure und Zuschauer sprechen über den
   formalen und inhaltlichen Ablauf.
2. Zur vertieften Auseinandersetzung bieten sich an:
   Diskussion, Debatte, Besichtigung, Exkursion.

Da die Zeitplanung eines Planspiels von verschiedenen Bedingungen abhängt (Ziele, Vorkenntnisse der Teilnehmer, räumliche Bedingungen), läßt sich kein genauer Zeitablauf darstellen.

Planspielverfahren

In der Praxis mit Schüler-, Jugend- und Erwachsenengruppen haben sich drei Planspielverfahren als besonders effektiv erwiesen:

1. Konferenz-Methode

Grundlage für diese Spielform ist die Diskussion, bei der alle Beteiligten in Rede und Gegenrede ihre Meinung äußern.

Die Lage, ein Fall oder eine Situation schaffen den Rahmen für die Diskussion.

Von zwei gegenüberstehenden Meinungsgruppen werden z.B. Argumente vorgetragen. Ein vor Spielbeginn gewähltes Gremium fällt nach Anhörung der beiden „Interessenvertreter" einen Beschluß. Thema für ein Rundgespräch könnte z.B. die Arbeitszeitverkürzung sein. Vertreter der Gewerkschaft und der Arbeitgeberverbände erörtern die „35-Stunden-Woche", die Neuregelung der „Ladenschlußzeiten" oder suchen nach konkreten „Möglichkeiten zur Beseitigung der Jugendarbeitslosigkeit".

Das umstrittene Thema wird von den Spielern in unterschiedlichen Rollen dargestellt. Die gegensätzlichen Auffassungen, Wertungen und Meinungen werden zusammengetragen und in Ergebnissen zusammengefaßt und analysiert.

2. Vorfall-Methode

Die Spielgruppe muß einen Vorfall lösen, der an sie herangetragen wird. Hierfür hat sie die erforderlichen Unterlagen selbst zu erstellen und den Sachverhalt z.B. durch die Vernehmung von Beteiligten und Zeugen zu ermitteln.

So kann in einer bestimmten Verhandlungsform wie einer „Lehrerkonferenz" der Disziplinarfall eines Schülers erörtert oder in einer Gerichtsverhandlung ein Rechtsfall aus dem Alltag zur Entscheidung gebracht werden. Ebenso kann es auf einer „Magistrats- oder Stadtverordnetenversammlung" um die Frage gehen, ob zuerst der Parkplatz, die Fußgängerzone oder der neue Kindergarten eingerichtet werden soll.

3. Projektmethode

Bei dieser Spielform geht es über den bloßen Modellfall hinaus. Es muß eine praktische Aufgabe gelöst werden. So kann unter der Leitidee „Zeitung" der Arbeitstag in einer Zeitungsredaktion nachgespielt werden. Dabei wird es um vielfältige Fragen gehen: Wie entsteht ein Artikel? Welche Wirkung kann von ihm ausgehen? Wie entsteht „Meinung"? Welche Abhängigkeiten bestehen zwischen Berichterstattung und zahlungskräftigen Inserenten? Überhaupt: Wie ist die Arbeit in einer Zeitungsredaktion aufgegliedert?

In der Spielgruppe werden die verschiedenen Aufgaben und Rollen verteilt. Reporteraufträge werden z.B. an zwei „Redakteure" gleichzeitig vergeben. Die unterschiedliche Darstellung in den Artikeln wird besprochen, usw. Eine mögliche Rollenverteilung wäre z.B.: Verleger, Chefredakteur, Ressortleiter, Redakteure, Bildgestalter, Leiter der Werbeabteilung, Drucker, Anzeigenkunde.

Am Ende des sich durchaus über einen oder mehrere Tage ziehenden Planspiels könnte die selbst erstellte Zeitung stehen, an die sich ein Besuch in einer richtigen Zeitungsredaktion anschließt.

Spielvorschläge:

Die Spieldauer der folgenden Einstiegsübungen liegt bei ca. 40 Minuten bis 2 Stunden.

Landtagsdebatte: Fernsehfreier Tag in der Woche

In einer Landtagsdebatte geht es um die Erörterung des Antrages der A-Partei: „Einführung eines fernsehfreien Tages in der Woche." Das Thema ist sehr umstritten. Ziel des Spiels ist, durch gute Argumentation und Sachaussagen den bzw. die Träger anderer Auffassungen um die Mehrheit des „Hohen Hauses" zu bringen.

Die Spielgruppe wird in drei Parteien – A, B und C – aufgeteilt. Sie bildet das Parlament.

Ein Präsident wird gewählt.

Jede Partei entsendet zwei Redner, so daß insgesamt sechs Redner (Befürworter und Gegner) sich gegenüberstehen. Jeder Redner enthält maximal fünf Minuten Redezeit. Zwischenfragen aus den „Fraktionen" sind erlaubt. Am Schluß der Debatte läßt der Präsident abstimmen. Auf der Landtagssitzung können mehrere Tagesordnungspunkte kontrovers erörtert werden.

Material: Schreibzeug, Papier; eine kleine Glocke für den Präsidenten.

Umweltverschmutzung vor Gericht

Vor dem Amtsgericht Neustadt geht es heute um einen Fall von „Umweltverschmutzung". Zwei Bürgern wird vorgeworfen, Hausmüll in einem Wald beseitigt zu haben. Die näheren Inhalte werden in groben Zügen umrissen (Tatort, Tathergang, Handlungsrahmen).

Die Rollen werden aufgeteilt: 1 Richter, 2 Schöffen, 1 Protokollant, 1 Staatsanwalt, Verteidiger, Angeklagte, Zeugen und Zuhörer.

Die Darsteller für die einzelnen Rollen sollten sich freiwillig zur Verfügung stellen. Der Richter übernimmt bei diesem Spiel die Rolle des „Moderators", der die Verhandlung leitet, Angeklagte und Zeugen befragt und die Gesprächsfäden zusammenhält.

Jetzt wird der Spielraum zum Gerichtssaal umgerüstet. Die Spieler nehmen ihre Plätze ein. Der Richter sitzt mit den beiden Schöffen zwischen Staatsanwalt und Verteidigung. Vor ihnen sitzen die Zeugen. Die Angeklagten nehmen bei ihrem Verteidiger Platz.

Der Richter eröffnet die Verhandlung und überprüft die Anwesenheit der Teilnehmer.

Die Anklage wird vom Staatsanwalt vorgetragen. Die Angeklagten werden vom Richter, dem Staatsanwalt und der Verteidigung zum Tathergang befragt.

Dann werden die Zeugen (z.B. ein Förster oder Waldarbeiter, Spaziergänger, usw.) befragt. Die Angeklagten müssen auf Befragung durch den Richter zu diesen Zeugenaussagen Stellung beziehen.

Am Ende der Beweisaufnahme hält der Staatsanwalt sein Plädoyer. Darin faßt er für sich das Ergebnis der Verhandlung zusammen und macht einen Vorschlag zum Strafmaß, das den Angeklagten auferlegt werden soll. Jetzt hält die Verteidigung (ein bzw. zwei Anwälte) ihr Plädoyer für die Angeklagten.

Der Richter und die beiden Schöffen ziehen sich zur Beratung zurück und geben nach etwa 10–15 Minuten das Urteil bekannt. Die Entscheidung des Gerichtes wird dabei begründet. Während das Gericht in einem anderen Raum berät, kann ein Reporter den Zuhörern im Saal die Frage stellen: Wie würden Sie entscheiden?

Vor Beginn der Gerichtsverhandlung können auch zwei Spieler den Auftrag erhalten, einen Zeitungsbericht über Sitzungsverlauf und Urteil zu schreiben, wobei sich einer des seriösen Stils, der andere der „Sensationsmache" bedient. Ganz zum Schluß werden die Berichte vorgelesen und das Planspiel reflektiert.

Material: Schreibzeug u. Papier

Gemeinderatssitzung: Laubach braucht einen zweiten Kindergarten

Durch dieses Spiel sollen verschiedene Interessengruppen verdeutlicht werden. Es geht zwar um eine gemeinnützige Einrichtung; aber die Stimmen für das Für und Wider müssen gehört werden.

In einer öffentlichen Anhörung sollen Probleme der Planung, Konzeption, Finanzierung, Folgekosten und des Standortes geklärt werden.

Laubach hat etwa 7000 Einwohner. Der nächste Ort, in dem sich noch freie Kindergartenplätze befinden, ist 7 Kilometer von Laubach entfernt.

Die Teilnehmer der Diskussion, die in einem „Sitzungszimmer des Rathauses" stattfindet, sind der Bürgermeister, vier Mitglieder des Gemeinderates, die Vorsitzende der „Initiative 2. Kindergarten in Laubach", ein Vertreter der Kirchengemeinde, die Träger des 1. Kindergartens in Laubach ist, interessierte Eltern, deren Kinder keinen Kindergartenplatz am Ort bekommen haben.

Variation: Unter ähnlichen Voraussetzungen spielen wir durch: „Laubach braucht ein Gymnasium!" oder „Laubach braucht eine Gesamtschule."

Wir können auch jeweils zwei Gruppen bilden und unter dem Gesichtspunkt „Pro und Contra" Themen verteilen:

– Was sollen wir fordern: Höhere Löhne oder stabile Preise?
– Soll das klassenlose Krankenhaus eingeführt werden?
– Berufsheer oder Wehrpflicht?
– Wenn die Vertrauenswürdigkeit der Politiker in der Bevölkerung gelitten hat, wodurch kann sie wieder hergestellt werden?
– Völlige Freigabe der Ladenschlußzeiten.
– Ein Spielplatz soll gebaut werden. Unterschiedliche Interessen treffen aufeinander: Eltern, Politiker, Vertreter des Bürgervereins, Anlieger des geplanten Spielplatzstandortes.
– Braucht die Schule Arbeitsräume zur Freizeitgestaltung? (Behördenvertreter, Schulleiter, Lehrer, Eltern, Hausmeister, Schüler).
– Wir stellen unter Berücksichtigung unterschiedlicher Interessen einen Haushaltsplan für eine vierköpfige Familie auf.

Stadtplanung

Um demokratisches Verhalten geht es bei diesem Stadtplanungsspiel, für das zwei gleichgroße Gruppen gebildet werden. Die eine Gruppe soll ein Dorf, die andere eine Industriestadt planen. Jede Spielgruppe bekommt einen ca. 4 Meter langen Tapetenbogen. Sie diskutiert ihre Vorstellungen als Dorfbewohner bzw. als Industriekonzern und zeichnet sie anschließend gemeinsam auf. In einem zweiten Spielabschnitt werden die beiden Pläne durch einen dritten gleichgroßen Bogen verbunden und mit Klebestreifen am Fußboden befestigt. Dieser Freiraum zwischen den beiden Plänen ist jetzt von den Gruppen gemeinsam zu gestalten. Dabei sollten sie versuchen, ihre gegensätzlichen Interessen und Auffassungen auf dem Verhandlungsweg auf einen Nenner zu bringen.

Es gibt verschiedene Möglichkeiten, die bestehenden Probleme zu lösen; so können z.B. Ausschüsse, Ämter, Gutachterkommissionen usw. gebildet werden. Die Verhandlungsergebnisse werden schriftlich festgehalten.

Material: Tapetenrolle, Filzstifte, Schreibpapier, Kreppklebeband.

Figurales Spiel

Figurales Spiel bzw. Figurentheater ist ein neuerer Begriff für das Puppentheater, mit dem man wegkommen möchte von dem Klischee, Puppentheater sei vorwiegend Kaspertheater. Das Spielangebot des Figurenspiels ist wesentlich vielseitiger. Von der Handpuppe als unmittelbarem Ausdrucksmittel bis hin zur komplizierten Marionette ergeben sich je nach Material und Gestaltung die unterschiedlichsten Spielmöglichkeiten.

In der Beschäftigung mit dem figuralen Spiel entwickeln die Teilnehmer Fantasie und Kreativität. Durch Spielversuche werden die Darstellungsmöglichkeiten, die eine Figur in sich birgt, erkundet.

Im Umgang mit dem Medium Spielfigur wird technisches Verständnis entwickelt. Die Spieler setzen Ideen und geistige Inhalte in Spielhandlungen um. Auch die Kommunikation und soziale Kompetenz werden gefördert und trainiert.

In der Arbeit mit Kindergruppen z.B. kann der Handpuppendialog der Gesprächsförderung dienen, bei spielgehemmten Kindern zum

Abbau von Sprechangst beitragen und bei der Lösung aktueller Probleme helfen.

Unter Puppenspielern wie Pädagogen, die sich mit der Wirkung des Figurenspiels beschäftigt haben, besteht Einigkeit über seine große erzieherische Wirkung und Faszination, die weit über das Kindesalter hinausgeht.

Spielformen

Handpuppenspiel – Theaterstücke im Kleinen
Marionettenspiel – Fantasie, Lebendigkeit und Ausstrahlung
Schattenspiel – illusionäres Spiel mit Figuren und Personen
Maskenspiel – Darstellungsform mit Tradition.

Figuren- und Puppenarten

Von der Handschattenfigur über die Marionette und Stockhandpuppen der „Muppet-Show" bis hin zur Körpermaske des Samson aus der „Sesamstraße" gibt es zahlreiche Variationen. An allen kann man seine Freude haben, wenn auch letztlich die Wahl von Figurentyp, Form, Technik und Spielinhalt von der persönlichen Neigung, der handwerklichen Begabung und der Einstellung ihrer Benutzer abhängen.

Wir unterscheiden im Figurenspiel drei wesentliche Gestaltungsformen:

1. Der Kopf der Figur ist mit dem Körper des Spielers verbunden.
2. Der Puppenkopf sitzt auf einem Stock bzw. Stab.
3. Der Puppenkopf hängt an Fäden oder starren Drähten.

Beispiele zu 1)

Handschattenfigur
lebt von Licht
und Schatten

Handfigur
Die Hand selbst ist der Figurenkopf. Ein aufgemaltes Auge und ein paar aufgeklebte Wollfäden geben dieser Figur eine „persönliche Note"

Fingerpuppe
Sie ist als Variation der Handpuppe besonders für das Improvisationsspiel geeignet. Der Zeigefinger dient als Führungsfinger.

Handpuppe
wird von unten geführt. Die Hand des Spielers bildet das Gerüst der Figur. Der Kopf wird vom Zeigefinger getragen, während Daumen und kleiner Finger jeweils in den Armen stecken.

Klappmaulfigur
Diese Puppe ist eine Tier- oder Mimikfigur mit beweglichem Maul, das mit der Spielhand betätigt wird (z.B. Hund, Krokodil, Drache oder Löwe).

Im weitesten Sinne gehören auch die *Maskenfigur* (Gesichts-, Voll- und Halbmaske), die *Körpermaskenfigur* und die *Personen- bzw. Körperschattenfigur* zur 1. Gestaltungsgruppe. Vom Fernsehen her kennen wir auch die *Mimikpuppe*. Hier greift der Spieler mit seiner Hand in den Kopf der Puppe, der aus weichem Material besteht. Von innen läßt sich so die Gesichts- und Kopfform verändern und es entsteht der Eindruck, als verändere die Puppe ihren Gesichtsausdruck.

Beispiele zu 2)

Marotte
Einfachste Form der Stockpuppe. Der auf einem Stock sitzende Kopf ist unbeweglich. Auf Arme wird verzichtet.

Stockpuppe
ist starr, steif auf dem Stock; eine Hand wird geführt. Bei Kurzstockpuppen endet der Stock in Hüfthöhe, bei Langstockpuppen reicht der Stock bis zum Boden. Geführt wird grundsätzlich von unten.

Stabpuppe
ist nicht starr. Der Kopf wird bewegt. Sie verfügt über zwei Hände mit Führungsstützen.

Stockhandpuppe
Mit einer Hand führt der Spieler den Stock, auf dem der Puppenkopf sitzt. Die andere Hand greift durch die Öffnung im Kostüm und gibt so unmittelbar die Hand der Puppe ab. Die Stockhandpuppe kann auch von zwei Spielern geführt werden, wobei ein Spieler den Kopfstock führt, der andere mit beiden Händen durch das Kostüm greift. Die Puppe kann mit zwei Händen agieren.

Auch die *Schattenspielfigur* und die transparente *Schemenfigur* als spezielle Gattung des Schattenspiels gehören zur 2. Gestaltungsform.

Beispiele zu 3)

Schlenker- oder Schleuderpuppe
ist eine einfache, von unten geführte Puppenart, die zum Einstieg ins Marionettenspiel aber auch in größeren Inszenierungen als Ergänzung oder für einfache Tänze eingesetzt werden kann.

Tuchmarionette
Bei dieser einfachen Fadenmarionette ist der Kopf an drei Punkten über Führungsfäden am Spielkreuz befestigt. Arme und Beine bestehen aus Holzkugeln. Die Arme sind ebenfalls ans Spielkreuz befestigt. Wie die Schlenkerpuppe eignet sie sich für den Einstieg in das Marionettenspiel.

Gliedermarionette
Die Fäden sind an einem Führungskreuz befestigt, mit dem der Spieler die Marionette dirigiert.

Handpuppenspiel – Theaterstücke im Kleinen

Bereits im 12. Jahrhundert, so fand der renommierte Puppenspielhistoriker Hans R. Purschke heraus, kannte man die Handpuppe, und auf einer Miniatur von Jehan de Grise aus der ersten Hälfte des 14. Jahrhunderts kann der Betrachter unschwer eine Handpuppenbühne erkennen. Im 16. Jahrhundert entstand im Handpuppenspiel die Figur des Hanswurst, eines Possenreißers und direkten Vorfahren des Kasper.

Das Puppenspiel war im Lauf seiner Kulturgeschichte stets Belustigung und Belehrung zugleich. Handpuppen und Marionetten spielten fürs Volk.

Die Figur des Kasper durfte in seinem Spiel die Wirklichkeit herausschreien und der Obrigkeit auf der Nase herumtanzen. Oft geschah dies mit ätzender Kritik, die auf der Theaterbühne sonst völlig unmöglich war.

Mit der Erfindung des Kinos verstaubten die Marionetten und Kasper wurde auf den Jahrmarkt abgeschoben.

Dennoch blieb das Puppenspiel am Leben. In den fünfziger Jahren wurde zunehmend das Kinderpublikum entdeckt, bei dem es bis heute seinen festen Platz hat.

Nicht zuletzt durch das Fernsehen erlebte das Puppenspiel ein Comeback, das bis heute anhält und durch neue Ideen und die Experimentierfreudigkeit seiner Spieler ständig erweitert und bereichert wird.

Ob Hand- oder Stabpuppe, Schattenfigur oder Marionette, sie alle zeigen eigene Wesenszüge und können Dinge vollführen, die auch nur von ihnen darstellbar sind. Sie setzen vom Boden ab, fliegen und verschwinden gar auf der Stelle. In der Regel sind die Figuren überzeichnet und typisiert, um so schon dem äußeren Wesen eine eigene Prägung zu geben. Jede Bewegung wird durch den Willen von außen initiiert, wobei menschliche Gefühle und Regungen über die Puppe sichtbar gemacht werden. Im Zentrum des Spiels steht dabei unsere Hand als mittelbares und unmittelbares Ausdrucksinstrument. Das heutige Puppentheater in seiner Vielfalt an Figuren, Inhalten und Gestaltungsmöglichkeiten spricht alle Alters- und Bildungsgruppen an.

Das Handpuppenspiel, dem die nächsten Seiten gewidmet sind, hat einen besonderen Reiz durch den Dialog mit dem Publikum, das nicht nur Zuschauer, sondern auch Mitspieler ist.

Kinder sind verhältnismäßig schnell zum Mitspiel zu motivieren, während Jugendliche und Erwachsene eher Hemmungen zeigen und Zurückhaltung üben. Sie möchten eigentlich gerne mitmachen, genieren sich jedoch den anderen gegenüber. Hier kann die Puppe das Eis brechen, indem sie z.b. einen Witz erzählt oder dem Publikum eine Frage stellt, die sich nur mit „ja" oder „nein" beantworten läßt. Die Puppe kann auch auf Ereignisse im Zuschauerraum eingehen (niesen, lachen, husten, Applaus, Lautstärke). Der Dialog mit dem Publikum verlangt von den Puppenspielern Spontaneität und Schlagfertigkeit.

Zeitgemäßes Puppenspiel ist eine pädagogische Möglichkeit, dem Menschen eine liebevoll-kritische Karikatur entgegenzuhalten. In der Bandbreite vom einfachen Verkehrskasper bis zu menschenfreundlichen kritischen Kunstformen scheint die größte Chance für das Handpuppenspiel zu liegen. Im Puppenspiel steht uns die Welt offen. Wir leben in Freiheit, die nur die Grenzen unserer Fantasie, unseres Fühlens und Denkens kennt.

Spieltechnische Überlegungen

Das Figurenspiel verlangt vom Spieler eine mehrfach geteilte Aufmerksamkeit. Er muß sich selbst kontrollieren, die eigene Puppe, den Mitspieler und dessen Puppe und die Reaktionen des Publikums beobachten.

Figuren sind Bühnengestalten, die zunächst eine starre Plastik aufweisen. Die verschiedensten Puppenformen, menschenähnliche wie fantastische, werden erst durch den Spieler zum Leben erweckt. Er muß sich mit den Ausrucksmöglichkeiten ihres bewegten und unbewegten Gesichts im Zusammenspiel mit künstlichen Lichtquellen auseinandersetzen. Gleich, ob wir mit Hand- und Stabpuppen oder mit Marionetten spielen: Wichtig ist bei der Puppenführung, daß der Spieler den Anschein entstehen läßt, als ob die Puppen selbst spielten.

Der vom Spiel gepackte Zuschauer sieht nur das, was er sehen will; manchmal läßt ihn seine mitschöpferische Fantasie noch mehr erblicken. Das Mitspielen des Publikums sollte deshalb stets von vornherein eingeplant werden.

Als wichtigste Überlegungen für das *Handpuppenspiel* lassen sich nennen:

1. Die Spielhandlung muß originell und klar strukturiert sein. Es muß einen leitenden Gedanken, den „roten Faden" geben.
2. Wichtigster spieltechnischer Grundsatz ist die Harmonie von Sprache und Bewegung. Dies gilt insbesondere, wenn mehrere Puppen zusammenspielen. Sie müssen klare sprachliche Unterschiede aufweisen, und aus ihren Bewegungen muß dem Zuschauer auch deutlich werden, wer gerade spricht.
3. Nicht jede Stimme paßt zu einer Puppe. Soll sie hoch, tief, schrill, fistelnd, weinerlich, ängstlich sein oder gar Dialekt sprechen? Der Spieler muß sich auf das vorgegebene Äußere der Puppe einstellen. Bei einer Sprechprobe mit der Puppe merken wir schnell, ob Stimme und Puppe eine Einheit bilden. Es sollte stets deutlich und nicht überhastet gesprochen werden.
4. Der Spieler bestimmt, wie seine Puppe auftreten soll und was mit ihr geschehen kann. Durch ihr äußeres Erscheinungsbild sind die Charaktere der Figuren allerdings in bestimmter Weise festgelegt: sie können z.b. „sehr lustig", „traurig", „gut", „böse" oder „einfältig" sein.
5. Damit die Puppe eindrucksvoll „leben" kann, streifen wir sie über die ausgestreckte Hand und unseren Unterarm. Handrücken und Unterarm müssen dabei eine gerade Linie ergeben. Der Zeigefinger wird in den Puppenkopf gesteckt, Daumen und kleiner Finger ergeben die Arme. Durch diese Fingerverteilung erhält die Puppe ausgeglichene Proportionen.

Um die häufigsten *Anfängerfehler* möglichst schnell abzubauen, seien sie hier kurz aufgeführt:

– Die Puppe wird zu niedrig gehalten oder wird während des Spiels „kleiner".
Beim Aufführen also den durchgestreckten Arm während des Spielens beibehalten.
– Die Puppe schaut in die falsche Richtung. Also nicht den Blick in die Luft oder auf die Erde, sondern ins Publikum zu steuern versuchen.
– Die Puppe bewegt sich unnatürlich. Eine alte Puppenspielerregel lautet: Die Fortbewegungsart, die deine Puppe ausführen soll, mußt du mit deinem Körper selbst ausführen, d.h. tanzt die Puppe, so tanzen wir selbst.
– Die Puppe ist bewegungslos oder zappelt hin und her. Die Bewegungen der Puppe, Schritte und Gebärden sollten mit Bedacht und

sparsam ausgeführt werden. Sonst entstehen Langeweile und Unruhe im Publikum.
- Die Puppe steht in ständiger Hands-up-Haltung vor dem Publikum. Die Puppenhände sollten in der Grundstellung übereinander oder aneinander über dem Bauch gehalten werden.
- Man weiß nicht, welche Puppe gerade spricht. Die redende Figur wird durch Gesten kenntlich gemacht. Wenn im Publikum gelacht wird, Puppen nicht in das Gelächter „heineinspielen" lassen.
- Auftritte und Abgänge werden abrupt vorgenommen. Beim ersten Auftritt einer Puppe dem Publikum genügend Zeit zur Betrachtung geben. Zwei Puppen von verschiedenen Seiten auftreten lassen; möglichst nicht gleich zusammen.

Erste Bewegungsversuche:
Bewegen des Kopfes: Bejahen, verneinen, nachdenklich am Kopf kratzen, den Kopf drehen.
Gehen: Gebrechlich, würdevoll, schleichend, lauernd.
Benutzen der Arme: verschiedene Gegenstände greifen, zwei Puppen begrüßen sich, tanzen miteinander.

Anregungen für die Spielhandlung

Jeder, der sich einmal mit dem Puppenspiel beschäftigt hat, kennt die Schwierigkeiten beim Entwerfen eines spielbaren Stückes.
Der eher typisch als individuell wirkende Ausdruck von Gesicht, Körper und Bewegung macht es erforderlich, Stoffe so auszuwählen, daß sie den Ausdrucksmöglichkeiten der Puppe gerecht werden. Oder wir müssen eigens Puppen für unser beabsichtigtes Stück herstellen.
Wenn auch die Jahrmarktskasperlebühnen fast ganz verschwunden sind, bieten Kaufhäuser immer noch Puppen mit Plastikköpfen, dreiseitige Bühnengestelle mit etlichen Hintergrundbildern und dümmlichen Spieltexten an. In ihnen wird Kapser noch immer als alberner Dummling dargestellt, der seinen Gegner ausschließlich durch Prügel und Schläge auf den Kopf besiegt.
Eine Figur, die außer Schmerz keine Regung verspürt, ist abzulehnen. Die uneingeschränkte Zuneigung eines Kinderpublikums erhält der Kasper, der harmlos, mutig und tatenfroh ist, der klüger ist als seine Gegner und dennoch die Kinder als Helfer braucht, um eine brenzlige Situation zu meistern.

Worauf sollten wir bei einer Spielhandlung mit selbst hergestellten Puppen achten?

1. Am Anfang nicht zuviel vornehmen. Keine zu verwickelte Handlung mit vielen Schauplätzen ausdenken. Lieber kleine, einfache Szenen ohne Schauplatzwechsel.
2. Beim Entwickeln eines Stückes müssen wir von Anfang an auf die Besonderheiten der Puppen Rücksicht nehmen. Es empfiehlt sich, erst einmal auszuprobieren, was unsere Puppen gut spielen können, und dann nach einer entsprechenden Spielidee für ein Stück zu suchen.
3. Damit eine Puppenspielhandlung nicht langweilig wird, sollten sich die Puppen nicht so verhalten, wie wir es von uns selbst gewöhnt sind. Die Charaktere unserer agierenden Puppen sollten schon etwas überspitzt, ein bischen närrisch oder einfältig sein.
4. Vom Fernsehen her wissen wir, wie enttäuschend langweilig manche Filmhandlungen enden können. Um zündende Schlußpointen für unser Puppenspiel zu erreichen, können wir z.B. eine neue Figur auftreten lassen, die den anderen Puppen oder dem Publikum etwas Unerwartetes mitteilt. Überhaupt ist der unerwartete Ausgang, der Schluß, mit dem niemand gerechnet hat oder rechnet, wohl das anzustrebende Ziel des Spielausgangs.

Nur beim Kasperspiel wie beim trivialen Heimatfilm weiß man das Ende schon am Beginn der Handlung.

Erste Spielversuche und Improvisationen:

Es empfiehlt sich, die ersten Spielversuche und Improvisationen in Partnerarbeit durchzuführen, während die anderen Gruppenmitglieder beobachten.

Je zwei Spieler finden sich zusammen und spielen spontan eine kurze Stegreifszene.

Hier einige Themenvorschläge für den Einstieg:

- Die Puppen stellen sich dem Publikum vor.
- Zwei Puppen treffen sich auf der Straße und kommen ins Gespräch.
- Zwei Puppen befinden sich im Wartezimmer eines Arztes und klagen sich ihre gesundheitlichen Leiden und Gebrechen.
- Eine Puppe schneidet der anderen gegenüber kräftig auf und erzählt, was sie gestern alles vollbracht hat.

- Eine Puppe stellt der anderen eine einfache Rechenaufgabe, die sie nicht lösen kann.
- Zwei Puppen geben sich gegenseitig Rätsel auf, die jedoch schon vorher immer verraten werden.
- Dialog zwischen einer Gemüsefrau (einem Vertreter) und einem Kunden.
- Eine Puppe will von der anderen wieder einmal eine Tasse Zucker leihen.
- Zwei Puppen machen sich über die Zuschauer lustig.
- Eine begriffsstutzige Puppe will die theoretische Führerscheinprüfung machen; die andere Puppe ist der entnervte Prüfer.
- Zwei Puppen unterhalten sich über das Rauchen. Eine Puppe ist überzeugter Nichtraucher.

Darstellungsmöglichkeiten

Das Puppenspiel bietet dem interessierten Spieler vielfältige Darstellungsmöglichkeiten.

So können eine oder mehrere Spielfiguren hergestellt werden, mit denen sich Unterhaltungsspiele aus dem Alltag, Geschichten, Musikspiele und Lehrstücke spielen lassen:

1. Das Unterhaltungsspiel stellt Alltagssituationen in den Mittelpunkt, wie: Familie, Schule, Einkaufen, Markt, Straßenverkehr, Zirkus, Tanz, Kabarett, fremde Welt, lustige Vorkommnisse.
2. Geschichten, die wir nach Vorlage oder selbst entwickelt spielen, erfordern entsprechend gestaltete Figuren. Die Handlung soll klar, mit wachsender Problematik und schneller Lösung sein (Spannungsbogen). Es bieten sich Märchen, Sagen, Fabeln, Bilder- und Kinderbuchgeschichten an.
   So können wir die Reise eines Menschen in kürzester Zeit aufführen. Mit Hilfe eines Rollbildes als Hintergrund und einer Wanderkulisse von Bäumen, Buschwerk, Gebirgen, Geröll, Wüste bis hin zum Meer läßt sich in Sekunden eine ferne Reise vollziehen. Ausflüge in die Vergangenheit oder Zukunft lassen sich auf ähnliche Art blitzschnell realisieren.
3. Im Musikspiel können die Puppen zur Schallplattenmusik agieren. Aufführen lassen sich Opern- oder Singspiele, Lieder, Musicals und Schlager-Schnulzen-Hitparaden.

4. Das Lehrspiel versucht Handlungsmöglichkeiten und Alternativen beim sozialen Lernen aufzuzeigen. Es möchte Hilfsbereitschaft, Verträglichkeit und Emanzipation fördern, Vorurteile abbauen und Toleranz entwickeln.

Für alle genannten Darstellungsmöglichkeiten ist die dramaturgische Bearbeitung der Spielhandlung erforderlich. Sie unterteilt sich in

1. Gliederung der Spielinhalte in Szenen.
2. Auftrittsfolge nach szenischer Gliederung. (Wann tritt welche Puppe auf?)
3. Festlegung der Dialoge: Wann und mit wem agiert die Puppe?
4. Wann tritt die Puppe ab?

Bühnenbild, Requisiten und Beleuchtung sind dabei auf das jeweilige Thema abzustimmen und bei den Proben eventuell zu verändern.

Herstellung von Puppen, Requisiten und Bühne

Eine fertige Figur ist kein Schauspieler; sie spielt stets nur ihre festgelegte Rolle. Die Festlegung auf eine bestimmte Rolle ergibt sich durch ihr Aussehen.

Mit einfachsten Mitteln wie Papier, Stoff, Wolle und Styropor lassen sich wirkungsvolle, gut spielbare Figuren herstellen. Mit der Handpuppe läßt sich im wahrsten Sinne des Wortes am besten „handeln".

Bei der Frage „Für welches Herstellungsverfahren entscheide ich mich?" sollte von folgenden Überlegungen ausgegangen werden:

– Welche Materialbeschaffenheit soll die Puppe haben? Wie teuer wird die Herstellung?
– Welche Wirkung beabsichtige ich?
– Welche Anforderungen werden an die Haltbarkeit („Lebensdauer") der Puppe gestellt?
– Welches Gewicht hat die fertige Puppe? Ist sie gut spielbar?

In diesem Kaptel finden Sie Vorschläge für die Gestaltung verschiedener Puppenköpfe, des Puppenkleides und der Requisiten.

Vorschläge:

Papiermaché-Kopf

Aus alten Zeitungen und Tapetenkleister lassen sich schöne Masken, Gefäße und Puppenköpfe anfertigen.

Nach längerem Trocknen, das manchmal mehrere Tage dauert, lassen sich die fertiggestellten Gegenstände mit Farbe bemalen oder mit Wachs überziehen.

Es gibt zwei schnelle Verfahren, um Papiermaché für Puppenköpfe zuzubereiten:

1. Breiförmig: Die Zeitung wird in kleine Stücke zerrissen und zusammen mit Tapetenkleister zu einem festen Brei verarbeitet, der sich direkt formen läßt.

Ein ca. 10 cm hoher Kopf wird aus der Masse in freier Gestaltung geformt. Am unteren Ende des Kopfes wird eine Öffnung gelassen, um an ihr ein Pappröhrchen für den Zeigefinger des Puppenführers zu befestigen. Nach dem völligen Austrocknen wird der Puppenkopf entweder bemalt oder mit Modellierwachs überzogen.

2. Streifenförmig: Aus Modelliermasse oder Knetgummi wird ein Modell gefertigt, auf das man ca. 10 cm lange, in Wasser eingeweichte Zeitungsstreifen drückt. Die nächsten *sechs* Schichten werden in Leim getaucht und ebenfalls angedrückt. Am unteren Ende des Kopfes muß eine Öffnung gelassen werden, um später nach dem Trocknen des Papiermachés die Modelliermasse wieder herausholen zu können.

Material: Alte Zeitungen, Tapetenkleister, Wasser, Knetgummi oder Modelliermasse, Deckfarbe, Pinsel, Pappe.

Papp-Kopf

Aus Wellpappe werden 7–10 cm breite und etwa 50 cm lange Streifen geschnitten (quer zur Rippe). Durch die Länge und Breite des Pappstreifens wird der Charakter des Kopfes schon jetzt wesentlich bestimmt.

Auf der welligen Seite werden die Streifen mit Klebstoff bestrichen und um eine kleine Papprolle, in die der Zeigefinger paßt, herumgewickelt.

Durch das Aufkleben von Wellpappestückchen als Augen, Mund und Nase erhält der Puppenkopf sein Gesicht. Anschließend wird er mit Plakafarbe angestrichen. Als Haare werden Watte, Stoff- oder Fellreste bzw. Kreppapier aufgeklebt. Fertig ist der Kopf.

Material: Wellpappe, Klebstoff, Plaka-Farbe, Stoffreste, Watte, Kreppapier.

Styropor-Kopf

Für die Herstellung von Puppenköpfen ist Styropor besonders gut geeignet. Es läßt sich leicht bearbeiten, die Puppenköpfe sind wegen ihres leichten Materialgewichts gut spielbar und als Verpackungsmaterial kostet Styropor nichts.

Das Verfahren ist einfach. Aus Styropor wird zunächst die grobe Kopfform geschnitten. Sollten nur dünnere Styroporstücke zur Verfügung stehen, so werden sie zusammengeklebt. Jetzt schneiden wir die Einzelteile des Kopfes (Nase, Mund und Ohren) zu. Zur Probe werden sie erst einmal mit Stecknadeln am Kopf befestigt, um gegebenenfalls Veränderungen oder einen Austausch vornehmen zu können.

Die Teile werden jetzt mit Styroporkleber (oder Holzleim) festgeklebt und nach dem Trocknen mit einer Raspel und Sandpapier verfeinert. Unebenheiten lassen sich mit einer Modelliermasse (z.B. Plastiform) glätten.

Mit einem angespitzten Stock in der Dicke des Zeigefingers bohren wir ein Loch, um ein Fingerröhrchen einzukleben. Der Kopf wird mit Farbe grundiert, angemalt und weiter ausgestaltet (z.B. Augen, Falten, Haare).

Material: Styroporabfälle (oder als Stücke aus dem Bastlerladen), Styroporkleber bzw. Holzleim, Modelliermasse, Pappstück (als Fingerröhrchen), Plaka-Farbe, Buntpapier (Augen), Stoff- oder Fellreste, Watte.

Pantoffel-Kopf

Alte Pantoffeln werden auf der Sohle bemalt. Nachdem man mit den Händen in sie hineingeschlüpft ist, kann sofort mit ihnen gespielt werden.

Material: Alte Pantoffeln.

Plastikflaschen-Kopf

Plastikflaschen werden mit Ölfarbe bemalt oder mit Nitrolack besprüht und mit Papier- und Stoffresten bekleidet. Auch andere Gebrauchsgegenstände wie Handschuhe, ein alter Regenschirm, eine alte Kleider- oder Schuhbürste, ein Mopp und Küchengeräte lassen sich zu Typenfiguren umgestalten. Vielleicht spielen Sie einmal mit einer Gruppe einen „Aufstand der Haushaltsgeräte"?

Material: Beliebige verwandelbare Haushaltsgegenstände und Abfallmaterialien.

Rührlöffelpuppe

Diese Puppe ist besonders schnell herstellbar. Ein Holzrührlöffel wird z.B. mit Knöpfen als Augen, einem Korken als Nase und einem Mund aus Wollfäden beklebt. Als Kopfbedeckung werden Wollreste oder Watte benutzt.

Dem „Rührlöffelgesicht" fehlt zwar die ausdrucksvolle Gestik, dafür läßt ihre leichte Führbarkeit ein sehr variationsreiches, lebendiges Spiel zu.

Ein Stück Stoffrest, das mit Schaumstoff ausgefüllt und am Stil festgebunden wird, ist das Kostüm.

Die Rührlöffelpuppe läßt sich besonders gut in ungeübten Spielgruppen einsetzen. Mit ihr können z.B. Tänze zu verschiedenen Musiken parodiert werden. Ein Rührlöffel-Ballett ist besonders wirkungsvoll.

Material: Holzrührlöffel, Knöpfe, Korken, Wollfäden, Stoffreste, Schaumstoff, Basteldraht zum Befestigen des Kostüms, Klebstoff.

Illustrierten-Köpfe

„Prominente" Stabpuppen sind schnell hergestellt, indem wir die Köpfe bekannter Personen aus Illustrierten ausschneiden und auf Pappen kleben. Anschließend werden sie mit Klebstoff an einer leichten Leiste oder einem festen Pappstiel befestigt. Es kann sofort gespielt werden. Wie bei der Rührlöffelpuppe kann natürlich auch das „Prominenten"-Gesicht ein Kostüm aus Stoffresten erhalten.

Die Spielmöglichkeiten sind recht groß. So lassen sich z.B. Interviews, Fernsehdiskussionen, Bundestagsdebatten, Talkshows usw. spielerisch gestalten und parodieren.

Material: Illustrierten, feste Pappe, Schere, Klebstoff, gegebenenfalls Stoffreste und dünner Basteldraht.

Puppenkleider

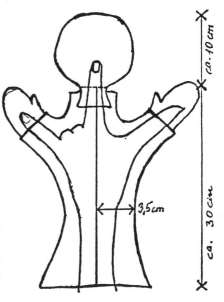

Für die Puppenköpfe aus Pappmaché, Pappe und Styropor wollen wir Kleider herstellen. Die Handpuppenkleider haben alle dieselbe einfache Grundform. Sie müssen der Spielhand angepaßt und lang genug sein, um den Unterarm locker zu bedecken. Das Kleid sollte etwa die dreifache Höhe des Kopfes haben.

Für die Herstellung des Grundkleides fertigen wir – ausgehen vom Umriß der Hand und des Unterarms – eine Schablone an, nach der dann der Stoff zugeschnitten wird. Mit einer Nahtzugabe von 0,5 cm wird der zusammengelegte Grundschnitt (Vorder- und Rückenteil) zugeschnitten. Die Hände werden gesondert hergestellt. Am besten eignet sich hierfür Filz, der als Fäustling angenäht wird.

Am nach unten verbreiterten Halsansatz des Kopfes wird das Kleid fest vernäht. Oder: Es wird ein Gummiband eingezogen. So kann der Figurenkopf schnell sein Kostüm wechseln.

Material: Stoffreste, Pappschablone, Bleistift, Schere, Nähzeug, Gummiband.

Requisiten

Ohne Dekoration wirkt die Handpuppe auf der Bühne sehr klein. Beim Herstellen von Requisiten und Kulissen sollten wir beachten, daß die Bühnenbilder kein Abklatsch der Wirklichkeit sind. Es werden keine naturalistisch gemalten Dekorationen verwendet, sondern Kulissen, die den Schauplatz der Handlung andeuten und somit die Puppe hervorheben.

Geklebte Dekorationen aus Farbpapier sind wirkungsvoller als gemalte. Sie erscheinen eher ausdruckslos und flach. Die Beleuchtung hebt die Welt der Puppen besonders heraus; sie schafft Atmosphäre und ruft Stimmungen hervor. Durch den Anschluß der Lampe(n) an einen „Dimmer" (Helligkeitsregler) kann das Licht allmählich auf- und abgeblendet werden. Durch Farbfilter, die man vor die Lichtquelle (100-Watt-Birne) hält, oder durch mit Glühlampen-Lack bemalte Birnen werden zusätzliche Effekte erzielt.

Material: Papp- oder Sperrholzflächen in Größe der jeweiligen Bühnenfläche, Buntpapier, Tonpapier, Scheren, Bleistifte, Klebstoff, Beleuchtung (siehe oben).

Handpuppenbühnen

Die einfachste Form, ein Handpuppentheater zu bauen: Eine Tür wird weit geöffnet, eventuell aus dem *Türrahmen* gehängt. Die Spieler agieren hinter einem in zwei Drittel Höhe gespannten Laken. Im Hintergrund bildet eine zufällig vorhandene Fläche oder eine Dekoration, die gehängt, aufgestellt oder von Mitspielern auf Leisten gehalten wird, das Bühnenbild.

Bei einer *Bühnenkonstruktion,* die aus einem Rahmengestell besteht, das mit einem lichtundurchlässigen Stoff bespannt ist, richtet sich die Höhe der Spielleiste nach der Größe der Spieler. Sie liegt in der Regel bei einer Höhe von 170–180 cm. Für die Spielfläche empfiehlt sich eine Breite von 120 cm und eine Höhe von ca. 60–80 cm. Das Gestell sollte zusammenklappbar und trotz stabiler Konstruktion nicht zu schwer sein.

Marionettenspiel – Fantasie, Lebendigkeit und Ausstrahlung

Das Spiel mit Marionetten vermittelt Freude am Gestalten und Erfinden, am Spielen mit dem Material. Bei ihm können sich Fantasie und Vorstellungskraft der Teilnehmer voll entfalten.

Marionetten sind durch ihre besondere Beweglichkeit geradezu ideal für das Figurenspiel. Ihre Rümpfe sind vorwiegend aus Holz oder Pappmaché gefertigt, die Glieder aus Rundhölzern, ausgestopften Rohren oder Draht, ausgestattet mit sinnreichen Gelenken. Wie bei den Handpuppen wird der Kopf meist aus Holz geschnitzt oder aus Pappmaché geformt. Dies gilt bei der Marionette auch für die Hände.

Manche Spielfiguren besitzen bis zu 30 Spielfäden, mit denen sich selbst so detaillierte Bewegungen wie das Heben der Augenbrauen dirigieren lassen. Die Tragfäden führen zu einem sogenannten Führungskreuz, mit dem der Spieler durch Bewegen von Hebeln, durch Wenden und Neigen des Kreuzes sowie durch Anheben einzelner Fäden die Figur zu verschiedenen Bewegungen veranlaßt. Die Führung einer Marionette erfordert Einfühlungsvermögen und intensive Übung. Wir müssen ihre Bewegungsmöglichkeiten Schritt für Schritt ausloten. Erst wenn wir mit dem Führungskreuz sicher umgehen können, wird der an Fäden hängende kleine, leblose Figurenkörper harmonische Bewegungen ausführen. Im Spiel dann scheint die tote Figur lebendig zu werden. Sie ist reinste Fantasie, da sie weder den physischen Bedingungen des Menschen unterworfen noch an seine Erscheinungsform gebunden ist. Wie Bilder in einem Traum kann sie schweben, sich verwandeln und ebenso schnell wie sie gekommen ist, wieder verschwinden.

Spieltechnische Überlegungen

Für das Marionettenspiel benötigen wir einen klar umgrenzten Raum. Wohl die wenigsten Einrichtungen wie Horte, Schulen oder Freizeitheime verfügen über eine Marionettenbühne. So wird man also improvisieren. Annähernde Bühnenwirkung erreichen wir z.B. durch das Spiel auf vier zusammengestellten Tischen mit halbhohen Kulissen, über die die Marionettenführer hinüberreichen.

Wenn mit vielgliedrigen Figuren bewegungsreicher gespielt werden soll, benötigen wir eine technisch bessere Lösung. Ein Türdurchgang zwischen zwei leicht zu verdunkelnden Räumen ist ein geeigneter Notbehelf. Durch Verkleiden der Tür mit dunklem Stoff oder schwarzem Papier erhalten wir eine Marionettenbühne zu ebener Erde. Die Sitze für die Zuschauer werden hufeisenförmig um die Bühne herum angeordnet.

Für unser Spiel lassen sich einfachste Pendelfiguren aus Abfallmaterialien herstellen, wie Flaschen, Draht, Blechdosen, Pappschachteln, Holzstücken, Flaschenverschlüssen, Stoffresten, Teilen aus alten Radios oder vom Fahrrad. Die Materialien werden auf ihre Grundeigenschaften geprüft, wie Schwere, Beschaffenheit der Oberfläche, Biegsamkeit und Transparenz.

Einige der Abfallmaterialien werden an Fäden aufgehängt und in pendelnde Bewegungen gebracht, wobei typische Bewegungsformen wie das Hin- und Herpendeln, das Rotieren, langsames Herablassen, Aufnehmen, Bewegen und Niederlegen geprobt werden.

Nach den ersten Spielübungen werden die Spieler versuchen, aus dem zur freien Verfügung stehenden Material Gliederfiguren anzufertigen. Nach der Fertigstellung betrachten wir jede Marionette genau, um die typischen Bewegungsmöglichkeiten herauszufinden und durchzuspielen. Es bedarf einiger Übung und Geschicklichkeit, bis die Bewegungen der geführten Gliederpuppen deutlich zu erkennen, aussagekräftig und koordiniert sind.

Am Anfang improvisieren wir kleinere Spielszenen. Je umfangreicher sie sind, um so gründlicher und sorgfältiger müssen sie geplant werden.

Gemeinsam erarbeitet die Spielgruppe eine kleine Rahmenhandlung, die ebenso wie beim Puppenspiel in Szenen, Auftrittsfolge der Marionetten und Dialogen vorher festgelegt wird.

Die Wirkung und Ausstrahlungskraft des Marionettenspiels wird durch Licht- und Toneffekte vergrößert. Neben dem Einsatz bunter, beliebig regelbarer Scheinwerfer lassen sich auch einfache Diapositive mit Architekturen, Landschaften oder Wolken auf die Bühnenrückwand projizieren. Blitze aus einem elektronischen Blitzgerät können Donnergeräusche begleiten, ein Lichtpendel erzeugt wachsende und schrumpfende Schatten. Durch den Einsatz verschiedener Umweltgeräusche (z.B. von Schallplatte oder Kassettenrecorder) gewinnt das Marionettenspiel an Lebendigkeit.

Musik sollte im Marionettenspiel immer dort erklingen, wo Worte nicht mehr ausreichen, wo eine Geste anstelle eines Wortes steht oder wo ein Gedanke nicht ausgesprochen wird. Für alle, die sich um

Perfektion im Marionettenspiel bemühen, gibt es weiterführende Literatur im Anhang dieses Buches.

Auf zwei Fehlerquellen sei an dieser Stelle hingewiesen. Die erste liegt im Unvermögen der Spieler und die zweite in der Puppe. So müssen z.b. Beine und Füße einer Puppe beim Gehen aufgesetzt werden. Wenn der Spieler dies nicht geübt hat und sie einige Zentimeter über dem Bühnenboden pendelt, wirkt die ganze Angelegenheit eher dilettantisch, selbst wenn wir uns einig sind, daß der menschliche Gang mit dem einer Marionette weniger zu tun hat.

Das sichere Beherrschen der Marionettenführung ist also unabdingbare Voraussetzung für die Lust am Spiel und den Erfolg beim Publikum.

Zum anderen bestehen Probleme in der Puppenkonstruktion selbst. Die Marionette kann „ausbrechen", wenn z.b. die Gelenke zu locker aneinandergefügt sind, die Schnürung schlecht ist oder als Bekleidung ein widerspenstiger Stoff gewählt wurde.

Spielimpulse:

Beim Marionettenspiel sollten wir nicht in Konkurrenz zum Schauspiel des Theaters treten wollen. Naturalistische Darstellungen passen einfach nicht auf die Marionettenbühne. Reine Dialogstücke sind weniger geeignet, weil sie das Publikum schon nach zehn Minuten langweilen. Marionetten sollen Marionetten bleiben und das spielen, was ihrem Wesen entspricht, was sie gut können.

Ihr Gebiet ist das Irreale, Fantastische und Märchenhafte, Groteske, die Parodie, Satire und Komödie.

Für das Spiel vor einem jüngeren Publikum sind Märchen (bitte nicht immer nur bekannte), Sagen, Tiergeschichten, Legenden und Kinderbücher immer wieder sprudelnde Quellen.

Besonders wirkungsvoll ist ein Kinderstück, je mehr es die Zuschauer aktiviert, spontane Reaktionen herausfordert, also zum Mitspiel anregt. Die auch in heutigen Kinderstücken noch anzutreffende pädagogische Absicht des erhobenen Zeigefingers sollte sehr feinfühlend und dezent in das Spiel eingebaut werden, um so eher wird es vom Publikum aufgenommen werden. Das mag auch für eine Marionette gelten, die einem Erwachsenenpublikum einen Vortrag über die Schädlichkeit des Rauchens oder übermäßigen Essens hält.

Ein in sich geschlossenes Marionettenspiel ist schon ein arbeitsintensives Unterfangen. Gekonnt gespielt, stellt es wohl das feinste Puppentheater dar.

Schattenspiel – illusionäres Spiel mit Figuren und Personen

Vom Schattentheater geht ein besonderer Reiz aus, dem sich der Betrachter kaum zu entziehen vermag. Es hat vermutlich seinen Ursprung im ostasiatischen Raum und ist dann etwa im 17. Jahrhundert über Italien nach Deutschland gekommen.

Während die orientalischen Schattenfiguren stark durchbrochen waren, verwendeten die europäischen Schattenspieler meist undurchbrochene, vollflächige Figuren ohne Pergamenteffekt.

Da Schattenfiguren nicht plastisch sind und man ihre wesentliche Erscheinung nur in Profilstellung wahrnehmen kann, wird die Fantasie der Zuschauer intensiv angesprochen und zu eigenem Wirken angeregt. Für zurückhaltende Spieler kann das Schattenspiel eine gute Möglichkeit sein, Spiel- und Sprechhemmungen abzubauen. Beim Agieren hinter dem Spielschirm werden auch das Gemeinschaftsgefühl, kooperatives Verhalten und Konzentration geübt.

Wir unterteilen das Schattentheater in das Spiel mit Figuren und mit Personen.

Figurenschattenspiel

Schattenfiguren sind leicht anzufertigen. Sie haben gegenüber anderen Puppen den Vorteil, daß man Fehler bei der Anfertigung leicht ausbessern kann. Haben wir z.B. zu viel abgeschnitten, kleben wir einfach ein Stück Karton an und machen die Umrisse neu.

Für die Herstellung der Schattenfiguren eignet sich am besten schwarzer Fotokarton. Er ist gut mit der Schere zu schneiden. Für die Verbindung der Gelenke benutzen wir Musterklammern. Kopf, Arme, Taille und Beine sollten beweglich sein.

Die Größe der Figuren richtet sich nach der zur Verfügung stehenden Spielschirmfläche. So können die Schattenfiguren 15, aber auch 50 cm und höher sein.

Nach dem Zeichnen werden die einzelnen Teile ausgeschnitten,

Ober- und Unterteil an den durchbohrten Gelenkstellen mit Musterklammern – nicht zu fest – zusammengefügt. Dann befestigen wir mit durchsichtigen Klebstreifen dünne, hölzerne Führungsstäbe mit der Figurenrückseite.

Schattenspiele sind nicht auf eine Schwarz-weiß-Wirkung begrenzt. Die aus dem Fernen Osten stammenden Schattenspiele sind meist farbig gestaltet.

Wir benutzen den gleichen Karton wie für die schwarzweißen Schattenfiguren. Für die Farbeffekte kleben wir jetzt buntes Seidenpapier hinter die ausgeschnittenen Öffnungen. Beim Schattenspiel ist es wichtig, die einzelnen Typen entsprechend übertrieben darzustellen, damit die Silhouetten gleich vom Zuschauer erkannt werden.

Um genügend Raum für die agierenden Figuren zu lassen, sollten wir Kulissen sparsam verwenden.

Für improvisierte Vorstellungen benötigen wir außer Schattenfiguren und Kulissen nur ein weißes Tuch (ca. 60 x 100 cm) und eine Lichtquelle, am besten eine Punktleuchte. Die einfachste Bühne besteht aus dem im Türrahmen aufgehängten Stoff- oder Papierschirm und einer den unteren Raum und somit die Spieler verdeckenden Wolldecke.

Anlässe für das Figurenschattenspiel sind Legenden, Sagen, Wunder, phantastische Geschichten und Märchen. Gerade Wunder jeglicher Art können im Schattenspiel zur Darstellung gelangen. Durch den Einsatz verschiedenfarbiger Lampen und durch musikalische Untermalung lassen sich die Stimmung und der Unwirklichkeitscharakter des Schattenspiels unterstreichen.

Märchen regen besonders zum Spielen an, weil die Inhalte den Spielern vertraut sind, die Szenenfolge durchschaubar ist und die Dialoge ausgestaltet werden können.

Spieltechnische Überlegungen

Durch Bewegung, Sprache und Musik gewinnen die Schattenfiguren Leben. Beim Spiel bewegen wir die Figuren deutlich langsam, ohne Hast. Nur die gerade sprechende Person unterstreicht die gesprochenen Worte durch sinngemäße Bewegungen.

Je nach Gegebenheiten kann die sprachliche Gestaltung eines Figurenschattenspiels bei einem Erzähler liegen. Die Spieler können auch selbst die Dialoge sprechen.

Der Erzähl- bzw. Dialogtext wird gemeinsam in der Gruppe erarbeitet.

Der genaue Handlungsablauf hängt von der Fantasie und Geschicklichkeit des jeweiligen Puppenspielers ab. Der Anfänger wird das Spiel noch möglichst einfach halten und später dann beliebige Details hinzufügen.

Personenschattenspiel

Die Gemeinsamkeit mit dem Figurenspiel liegt im Spiel mit der Fläche, das von der Umrißform her bestimmt wird. Beim Personenspiel agieren die Darsteller lautlos mit verlangsamten, stilisierten Bewegungen. Es wird nicht gesprochen. Sprache, Geräusche und Musik werden von außen neben der Bühne sitzenden Spielern synchron zu jeder Szene vorgelesen oder es wird vom Tonbandgerät gespielt. Für das Personenschattenspiel benötigen wir natürlich eine größere Spielfläche.

Eine Bühne entsteht recht schnell, wenn wir den ganzen Türrahmen mit einem Bettlaken bespannen und etwa 2–3 Meter hinter dem Laken eine starke Lichtquelle (200–500 Watt) installieren. Die Spielfläche muß voll ausgeleuchtet sein. Eine größere Spielfläche bietet noch mehr Spielmöglichkeiten. Dafür wird eine nahtlose Bahn aus ca. 2 x 4 Meter weißem reißfesten, dünnen Leinenstoff oder Nessel auf einen Holzrahmen gezogen. Notfalls können auch mehrere Laken zusammengenäht werden. Der Aufwand für einen Bühnenbau lohnt sich nur dann, wenn die Spielgruppe beabsichtigt, sich dem Schattenspiel für einen längeren Zeitraum zu widmen.

Spieltechnische Überlegungen

Vor Spielbeginn sollte der Ablauf der Szenenfolge schriftlich festgelegt werden. Die einzelnen Szenen müssen klar erkennbar und übersichtlich aufgebaut sein. –

Beim Spiel wird der Schatten des Spielers zur Spielfigur und übernimmt seine Rolle. Die Spieler müssen sich im Bühnenraum außerhalb des Lichtkegels bewegen. –

Der Szenenwechsel findet immer durch Ausschalten des Lichtes statt. –

Da es auf Form- bzw. Umrißwirkung ankommt, müssen die Kostüme formprägnant sein. Kreppapier und Tücher helfen bei der Verfremdung eines Kostüms. Für das Spiel kann letztlich alles verwendet werden, was interessante Schatten wirft. –

Um unliebsame Nebengeräusche zu vermeiden, sollten die Spieler Turnschuhe tragen. –

Als Requisiten eignen sich angefertigte Papp-Attrappen, die beim Spiel stets parallel zur Leinwand aufgestellt sein müssen. Ebenso können leicht aufzubauende, verwandlungsfähige Möbel wie Stuhl, Tisch oder Kiste eingesetzt werden. –

Rahmenkulissen wie z.B. Bäume, Säulen oder eine Tür lassen sich wiederum als Papp-Attrappe herstellen. Ohne viel Aufwand und zudem sehr wirkungsvoll können wir Kulissen auch als Diapositiv projizieren. Für diesen Zweck wird zwischen zwei 24 x 36 mm große, dünne Glasplatten ein zuvor mit der Stechfeder sorgfältig herausgearbeiteter Scherenschnitt eingefaßt und mit dem Projektor wie ein Dia hinter die Leinwand geworfen. Durch den entsprechenden Abstand zur Bühne ergeben sich schnell die richtigen Größenverhältnisse zwischen Spielern und Kulisse.

Spielvorschläge:

Beim Figurenschattenspiel mit Kindern wählen wir als Einstieg Spielstücke, die eine klare und einfach zu merkende Szenenfolge haben und für die wir gemeinsam einfache, großkonturige Figuren herstellen. Als Spielvorlagen eignen sich Märchen, Kinderlieder, Gedichte und phantastische Kindergeschichten.

Für das Personenschattenspiel bieten sich seltsame, phantastische, illusionäre und zauberhafte Begebenheiten an:

– Ein Zauberer läßt Dinge auftauchen und wieder verschwinden.
– Die Schatten bekannter Persönlichkeiten aus der Vergangenheit und Gegenwart tauchen auf. Zusätzliche Requisiten werden eingesetzt. Die Zuschauer raten.
– Ein Allesfresser bei der Mahlzeit.
– Schüchternes Paar kommt sich auf einer Parkbank näher.
– In einer Zirkusvorstellung treten Gewichtheber, Jongleure, Schlangenbeschwörer und Säbelschlucker auf.
– Schattenscharade (siehe „Scharaden").
– Statuen werden dargestellt und vom Publikum erraten.

- Bei einer Operation werden merkwürdige Gegenstände aus dem Bauch des Patienten ans Tageslicht befördert.
- Spaziergang durch ein Spukschloß.
- Mittelalterliche Zahnbehandlung.
- Ein Mensch träumt. Seine Traumfiguren werden sichtbar.

Beim Personenschattenspiel bleibt das Prinzip des Figurenschattenspiels erhalten, nur die Dimensionen vergrößern sich. Als Schattenbühne benötigen wir ein Bettlaken, eine Lichtquelle (mindestens zwei 100-Watt-Birnen, Requisiten und gegebenenfalls Musik- und Geräuschaufnahmen).

Maskenspiel – Darstellungsform mit Tradition

Das Spiel mit der Maske läßt sich bis ins antike Griechenland zurückverfolgen. Dort wurde sie von Schauspielern getragen, wenn sie eine Gottheit oder ein Tier darzustellen hatten. In vielen Kulturen war und ist die Maske wesentlicher Bestandteil des Theaters. Im Mittelalter konnten die Zuschauer gleich an den Masken der Darsteller erkennen, wer Held oder Bösewicht des Stückes war. Jahrhundertelang wurden Masken auch bei Schlachten getragen, um den Gegner zu erschrecken. Naturvölker verwenden sie noch heute, um z.B. Krankheiten zu vertreiben und die Geister gut zu stimmen oder zu verjagen. Im 18. Jahrhundert verbreiteten sich die in Frankreich beliebten Maskenbälle über ganz Europa.

Wenn beim darstellenden Spiel von Rolle und Maske die Rede ist, dann geht es dabei auch stets um ein Spiel mit der eigenen Identität. Hinter der verfremdenden Maske ist jeder Spieler er selbst und zugleich auch wieder nicht. Der Spaß am Erlebnis des Grotesken, am spielerischen Abweichen vom Natürlichen, am Experimentieren mit dem Verzerrten und Übertriebenen kennzeichnen das Maskenspiel. Es werden Körperbeherrschung, Ausdauer, Konzentration und Gestaltungsfähigkeit gefördert. Das Maskenspiel bietet Spielern aller Altersgruppen die Chance, ihre Vorstellungen zu übertragen, sich mit Rollen zu identifizieren und sich im Sinne eines intensiven Spiels zu verwandeln. Wie beim Schattenspiel läßt sich das Maskenspiel pädagogisch gezielt einsetzen, wenn Spielhemmungen auftreten. Das Agieren aus dem „Versteck der Maske" heraus kann eine Hilfe sein, Spielhemmungen zu überwinden.

Wir unterscheiden beim Spiel mit der Maske im wesentlichen zwischen Vollmasken, die den Kopf umschließen, zwischen Halbmasken (vom Haaransatz bis zur Mundlinie) und den Gesichtsmasken, die vom Haaransatz bis zur Halslinie verlaufen. Halbmasken eignen sich z.B. besonders für Sprechspiele wie Fabeln, Märchen, Schwänke, groteske Spiele und Sketche, während Voll- und Gesichtsmasken ideale Medien für Pantomimen, Erzähl- oder Tanzspiele sind. Auch Gedichte und rhythmische Liederverse können Grundlage für ein Maskenspiel sein.

Herstellung einfacher und wirkungsvoller Masken

Der Charakter einer Maske hängt von der Fantasie und Geschicklichkeit der Entwerfer und von der Wahl des Materials ab. Beim Maskenbau sollten wir darauf achten, daß sie ein naturalistisches Äußeres haben, aus dem die beabsichtigten menschlichen Charaktereigenschaften deutlich sichtbar werden.

Für die Herstellung einfachster Masken benötigen wir pro Maske einen ca. 25 x 35 cm großen Pappdeckel, Schere, Gummischnur, Filzstifte oder Farben. Auf dem Pappdeckel wird eine Kopfform vorgezeichnet und ausgeschnitten. Dann schneiden wir Augenlöcher und eine Nasenklappe ein. So gehört eine runde Nase z.B. zu einem fröhlichen Clown, eine lange Nase wirkt traurig und niedergedrückt. Entweder wird eine Lasche am oberen Ende umgeschlagen und innen am oberen Rand der Maske oder außen flach angeklebt. Etwa 2 cm vom Rand bohren wir zwei Befestigungslöcher, die zur Versteifung mit Tesafilm (oder Ringbuchverstärkern) stabilisiert werden. Die Maske können wir nun beliebig bemalen oder bekleben. Zum Schluß ziehen wir an den Befestigungslöchern die Gummischnur ein.

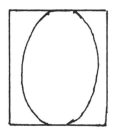  

Material: 25 x 35 cm große Pappdeckel, Scheren, Gummischnur, Filzstifte (Farben) oder Buntpapier und Klebstoff.

Masken aus Pappmaché

Für die Herstellung von Pappmaché-Masken rühren wir im Wassereimer Tapetenkleister an. Und zwar in der Mischung, wie er für schwere Tapeten benötigt wird. Dann werden Tageszeitungen in Streifen gerissen. In der Zwischenzeit blasen wir einen Luftballon – nicht zu prall – auf und binden ihn zu. Jetzt bestreichen wir die Zeitungsstreifen mit Kleister und bekleben den Ballon solange, bis nichts mehr von ihm zu sehen ist. Drei bis vier Schichten sollten aufgetragen werden. Dann lassen wir den Ballon trocknen.

Nach ein bis zwei Tagen erhält er ein Gesicht: Augenbrauen, Nase, Backenknochen, Lippen, Kinn und Ohren.

Um Nase und Ohren zu formen, tränken wir wieder Zeitungsstreifen mit Kleister. Danach werden sie mit Papierstreifen an den Kopf geklebt. Augen und Lippen lassen sich besser aus Toilettenpapier und Kleister kneten. Vor dem nächsten Bearbeitungsgang lassen wir den Kopf wieder trocknen.

Der hintere Teil des Kopfes wird mit einem Messer abgeschnitten. Das Gesicht bemalen wir nun nach Belieben mit Plakat- oder Wasserfarben: freundlich, lustig, frech, böse oder furchterregend.

Die Maske kann weiter ausgeschmückt werden, indem sie Haare aus Wolle, Bast, Federn oder Fell aufgeklebt bekommt. Sie kann auch einen Hut oder eine Brille tragen.

In einem letzten Arbeitsgang werden Löcher für Augen und Nase gebohrt. Hinter den Ohren der Maske bohren wir zum Schluß Löcher für zwei Schnüre, mit denen sie vor das Gesicht gebunden wird.

Material: Zeitungen, Kleister, Wolle, Federn, Farben, Schnüre.

Gipsmasken

Bevor wir eine Gipsmaske auftragen, werden die Haare zurückgebunden und das Gesicht gut eingefettet. Dann werden die Gipsbinden in kleine Stücke geschnitten, in Wasser getaucht und das Gesicht des Partners Stück für Stück zugeklebt. Die Nasenlöcher müssen immer frei bleiben! Die Augen können nach Belieben eingegipst werden. So geht es weiter, bis das Gesicht ganz abgedeckt ist.

Der Gips trocknet sehr schnell und nach kurzer Zeit kann die fertige Maske vorsichtig abgenommen werden. Eventuell wird die Maske jetzt noch angemalt.

Material: Gipsbinden, Wasser, Haarbänder und Fettcreme.

Wenn sich eine Gruppe länger mit dem Maskenspiel beschäftigen möchte, kann sie auch Verpackungsmaterialien, Styropor, Leder oder Holz für die Maskenherstellung verwenden.

Statt selbstgefertigter Masken lassen sich natürlich auch besonders gut Karnevals- bzw. Faschingsmasken aus Gummi oder Plastik verwenden. Sie haben den Vorteil, stark typisiert zu sein und regen somit die Fantasie der Spieler an.

Spieltechnische Überlegungen

Das Maskenspiel lebt von den maskengerechten Bewegungen der Spieler. Es soll nicht Spiel hinter der Maske, sondern Spiel mit der Maske sein, bei dem Spieler und Maske eine Einheit bilden. So muß der Spieler lernen, mit der Maske zu denken und zu spielen. Da Mimik und Blick entfallen, müssen Gesten und Bewegungen auf die Wirkung der Maske abgestimmt sein. Die Maske eignet sich besonders für die musikalisch untermalte Pantomime. Bei der Sprache muß dem Künstlichen der Maske Rechnung getragen werden. Da Voll- und Gesichtsmasken das Sprechen oft behindern, können Spieler und Sprecher getrennt sein. Kostümierung, Bühnenbild und Beleuchtung betonen den stilisierenden Charakter der Maske. Besonders belebend wirkt die in ungleichmäßiges Licht getauchte Spielfläche. Um das Wesen und die Möglichkeiten des Maskenspiels zu erkennen, ist ein längerer Gewöhnungs- und Übungsprozeß erforderlich.

Der Einsatz eines oder mehrerer großer Spiegel kann sehr hilfreich sein, wenn es darum geht, äußere Veränderungen an sich selber zu sehen und zu kontrollieren.

Die Spieler sollten ihre Bewegungen gegenseitig beobachten, sich Rückmeldung geben und nach neuen Bewegungsformen suchen. Durch das Anfertigen neuer, andersartiger Masken bleiben Fantasie, Werk- und Spielfreude lange erhalten.

Spielvorschläge:

- Die Spieler sammeln sich um einen Berg bunt gemischter Masken. Ein Spieler beginnt, wählt sich eine Maske aus und bewegt sich damit; die anderen folgen.
- Die Spieler tanzen mit selbstgefertigten Fantasiemasken und kreieren je nach Übung ein Ballett.
- Mehrere Masken versammeln sich zum Gespräch. Eine traurige Maske erzählt, warum sie stets traurig ist, eine weiße Gipsmaske berichtet von ihrem verlorenen Gesicht und eine Tiermaske von ihren Erlebnissen mit dem Menschen...
- Zwei überzeichnete Typen-Masken, z.B. „Schlauchen" und „Dummchen" oder „Der Reiche" und „Der Landstreicher" führen einen Dialog und philosophieren über das Leben.
- Tanz der Geister: Die Guten vertreiben die Bösen.
- Ein Erzähler trägt eine Geschichte vor, zu der die anderen mit ihren Masken spielen, ohne selbst zu reden.
- Die Masken geben eine Spielhandlung vor, die von einem Sprecher interpretiert wird.
- Maskenaktion in der Fußgängerzone.

Technisch-Mediales Spiel

Das technisch-mediale Spiel wird von zwei Komponenten getragen:

1. vom Personen- oder Figurenspiel als Handlungsträger,
2. von den Gestaltungsmöglichkeiten des jeweils verwendeten audiovisuellen Systems.

Technisch-mediales Spiel liefert hörbare und sichtbare Ergebnisse. Es bietet uns die Möglichkeit, räumliche, akustische und optische Situationen sowie durch Personen oder über Figuren getragene Handlungsabläufe in die „Sprache" des jeweiligen Mediums (Klangkörper, Kassettenrecorder/Tonband, Dia-Projektion, Videoaufzeichnung und Film) umzusetzen und so neue Ausdrucksmittel zu erfahren.

Das Erleben dieser „Sprachen" und ihrer unterschiedlichen Wirkweisen ist unmittelbar verbunden mit der Beherrschung der Technik der jeweiligen Medien. Die Teilnehmer überwinden so die Scheu vor Mikrofon und Kamera.

Die zweite Aufgabe ist es, Spielformen, Spielinhalte und Rollen zu suchen bzw. zu entwickeln, die sich in technisch-mediales Spiel umsetzen lassen. Dabei lernen die Akteure ihre künstlerischen Ausdrucksmöglichkeiten kennen und einzuschätzen.

Die Teilnehmer an einem technisch-medialen Spiel können also von der Dramatisierung einer Spielvorlage über die Handhabung des Mediums, die Reflexion der erbrachten Leistung bis hin zur wirksamen Aufführung vor einem Publikum vielfältige Erfahrungen sammeln. In der Lösung der verschiedenen Aufgaben durch die Spielgruppe, das Loben der Leistungen wie auch konstruktive Kritik erfahren die Spieler eine Erweiterung ihrer Persönlichkeit.

Eine detaillierte Beschreibung von technischem Aufbau und Funktion von Kassettenrecorder/Tonband, Dia-Vollautomat, Film- oder Videokamera wird der Leser auf den folgenden Seiten nicht finden. Es würde den Rahmen des Buches sprengen. Wer sich allein oder mit einer Gruppe einem der technischen Systeme ganz ausführlich zuwenden möchte, findet hierüber sehr gute, anschaulich geschriebene Fachbücher im anhängenden Literaturverzeichnis.

Spielformen

Musik als Bestandteil und Ausdrucksmittel des darstellenden Spiels
Hörspielgestaltung
Audiovisionsspiel mit Kassettenrecorder und Dia-Projektor
Vor und hinter der Videokamera
Gestalten mit Super-8-Film

Musik als Bestandteil und Ausdrucksmittel des darstellenden Spiels

Die Musik ist aus dem Theaterspiel nicht wegzudenken. Sie kann ein Stück einleiten oder ausklingen lassen, als Zwischenmusik ertönen oder selbst notwendiger Bestandteil im Stück sein. Im darstellenden Spiel tritt Musik z.B. in Form musikalischer Stegreifspiele auf, beim Handpuppen-, Schatten-, Marionetten- und Maskenspiel und bei Theaterspielformen wie Operette, Oper, Musical, Kabarett und im Film.

Musik ist eine Stimulanz, ein Ausdruck des Lebensgefühls. Sie ist in der Lage, Emotionen auszulösen, Aussagen zu vermitteln, Atmosphäre zu schaffen und Spannung zu erzeugen. Sie stimmt uns heiter, traurig oder nachdenklich und regt zum Singen, Tanzen, Fantasieren und Spielen an. Inhaltliche Vermittlung, Darbietung und Spaß am Zuhören lassen sich somit in besonderer Weise verbinden.

Wer möchte nicht insgeheim ein Musikinstrument beherrschen? Sollte in der Gruppe niemand sein, der ein Instrument spielt, ist das Herstellen eigener Instrumente eine gute Möglichkeit, zur Musik zu führen. Musik entsteht so aus dem Umgang und Spiel mit „musikalischen Mitteln".

Für den Einstieg muß man keine große Pläne wie die Gründung einer Band hegen. Erst einmal sollten in der Gruppe Geräusche gehört und Klänge erzeugt werden. Zu diesem Zweck stellen wir verschiedene Gegenstände und Klangkörper im Raum auf, mit denen experimentiert werden kann. Die dabei entwickelte Kreativität und gruppendynamische Bewegung ist für das weitere Vorgehen (Instrumentenbau) sehr bedeutsam.

Auf keinen Fall sollte die Gruppe musikalisch getrimmt werden. Die Förderung der Kreativität, ein gemeinsames Sichergänzen von Wort, Geräusch, Musik und Rhythmus ist vorrangig wichtig. Auch mit einer Gruppe, die sich als „unmusikalisch" bezeichnet, sollten wir das „Musizieren" mit Klangkörpern und selbstgebauten Instrumenten versuchen.

In der Praxis zeigte sich das Entwickeln spielbarer Musikinstrumente immer wieder als Anreiz zum Musikmachen, bot den Teilnehmern eine Fülle neuer Erfahrungen und vertiefte soziale Kontakte. Beim Improvisieren mit den selbstgebauten Instrumenten standen Spaß und Kommunikation untereinander im Vordergrund. Anlässe für den Einsatz der selbstgebauten Instrumente gibt es genug. Neben dem spaßbringenden Spiel in der Gruppe kann z.B. ein mit originellen Blas-, Rassel-, Schlag- und Saiteninstrumenten ausgestattetes „Orchester" Kabarett-Nummern musikalisch unterstützen oder auf einem Spielfest, Bunten Nachmittag oder an einem Disco-Abend improvisierte Musikstücke zur Freude aller zum Besten geben.

Manche Szene läßt sich beim Herstellen eines Videofilms mit Musik gestalten. Nehmen wir nur eine „Prügelszene" in einem Westernsaloon. Während die Rauferei ohne musikalische Untermalung eher steif, ruppig oder ungegliedert wirkt, entschärft Musik die scheinbare Ernsthaftigkeit der Situation und verleiht dem Geschehen eine besondere Komik. Musik als Stimulanz kann natürlich auch

122

Zeitsprünge verdeutlichen, in Witterungen, Jahreszeiten, Umgebungen einführen, Spannungen auf- und wieder abbauen.

Gleich, ob selbst erzeugt oder von der Kassette, Musik hat im darstellenden Spiel eine wichtige dramaturgische Funktion.

Mit welchen Gegenständen läßt sich Musik machen?

Geeignet sind Gegenstände wie: Dosen, Gefäße, Eimer, Zigarrenkisten, Kanister, Gummischläuche, Holzkiste, Metallfolien, Holz-, Metall- und Styroporkugeln, Leder, Blumentöpfe, Bambusrohr, Bleche, Filz, Installationsrohre, Gummibänder, Latten, Sperrholz, Hölzer, Membranen, Spiralfedern, Waschbrett, Gemüsereibe, Kämme, Plastikflaschen, Waschpulvertrommeln, Kleiderbügel, Nudelholz. Angelschnur, Plexiglas, Füllmaterialien (Erbsen, Bohnen, Reis, Sand, Steine usw.), Papp- und Plastikrohre, Zeitungen, Schellen, Gummimatten, leere Dia-Magazine...

Welche Werkzeuge und Hilfsmittel benötigen wir?

Sägen, Hämmer, Zangen, Schraubenzieher, Angelschnur, Basteldraht und Drahtsaiten, Schrauben, Nägel, Kaltleim, Spezialkleber, Klebeband in verschiedenen Stärken, Pinsel, Farben, Scheren und Buntpapier.

Die nächsten Seiten enthalten einige Anregungen für den Bau leicht herzustellender Musikinstrumente.

Blasinstrumente

Manches Material kann sofort zum Musikmachen benutzt werden; z.B. Plastik-, Metall- oder Kunststoffrohre, Plastik- und Gummischläuche, die Gießkanne und Spiralschläuche.
Hier zwei Beispiele für Eigenbau-Blasinstrumente:

Trompete

Auf einen ca. 80 cm langen Gummischlauch wird ein Trichter gesetzt.

Panflöte

An einem Querholz werden unterschiedlich lange Baumbusröhren befestigt und oben gerade abgeschnitten.

Rasselinstrumente

lassen sich aus verschiedenen Gefäßen herstellen; z.B. aus Plastikflaschen, Zierkürbissen, Bonbon- u. Schuhcremedosen, Joghurtbechern, Pappröhren oder einem Schlauchstück. Als Füllmaterial für die Gefäßrasseln dienen z.B. Reis, Erbsen, Linsen, Sand, Steine oder Büroklammern.

Schrapinstrumente

Gebrauchsfertige Schrapinstrumente sind z.B. der Kamm, das Waschbrett, Dia-Magazine und Haarbürste.
Zwei weitere Beispiele:

Ratschenkamm **Fingerhutskiffle**

Wir binden einen Kamm an einer leeren Blechdose fest.

Eine Gemüsereibe aus Blech und ein Fingerhut ergeben eine Fingerhutskiffle.

Saiteninstrumente

sind schnell aus Kisten, Fässern, Papp-Waschtrommeln, Schubladen, Töpfen, Dosen und großen Plastikflaschen hergestellt.

Einige Beispiele:

Plastikgitarre

Wir benötigen für dieses Instrument eine große Spülmittelflasche, verschieden breite Gummibänder und eine Filzschreiberhülle. Als Werkzeuge eine spitze Schere, einen mittelgroßen Nagel, eine Häkelnadel und Kleber. In den Bauch der Spülmittelflasche wird mit der Schere (oder einem Schneidemesser) ein nicht zu großes kreisrundes (vorgezeichnetes) Schall-Loch ausgeschnitten. Nun werden die Endpunkte für die Gummisaiten angezeichnet und mit einem Nagel oder einem Handbohrer eingebohrt. Mit Hilfe der Häkelnadel werden die Gummibänder durch die Löcher gezogen und am Ende verknotet.  Alle Saiten müssen dabei über das Schall-Loch zum Flaschenhals geführt werden. Die Knoten werden unsichtbar, wenn der Schraubverschluß wieder aufgedreht wird. Damit die Gummisaiten frei schwingen können, wird auf den Klangkörper in Bodenhöhe eine Filzschreiberhülle geklebt.

Material: Leere Spülmittelflasche, Gummibänder (verschiedene Stärken), Filzschreiberhülle.
Werkzeug/Hilsmittel: Schneidemesser oder Schere.

Zigarrenkistenzither

Über eine Zigarrenkiste (ohne Deckel) werden Gummibänder oder Anglerschnur gespannt und an kleinen Ösen bzw. mit Nägeln befestigt.

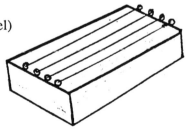

Hebelgeige

Waschtrommelbaß

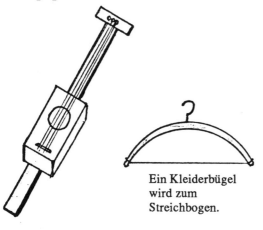

Ein Kleiderbügel wird zum Streichbogen.

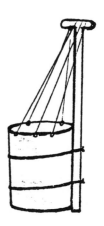

Auf eine Holzlatte wird eine Zigarrenkiste genagelt. Das Anbringen der Saiten geschieht wie bei der Plastikgitarre und der Zigarrenkistenzither.

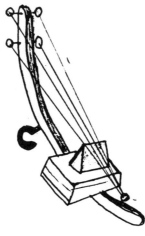

Eine leere Waschpulvertrommel wird an einem Spatenstiel befestigt (Schnüre/Klebeband). Vom Spatengriff zum Trommelrand werden Gummibänder oder Anglerschnüre gespannt.

Kleiderbügelharfe
aus Kleiderbügel
5 Schraubösen,
2 Schrauben,
Schachtel,
Holzklotz
und Gummiband.

Schlaginstrumente

Trommeln entstehen aus Kanistern, Dosen, Kartons, Papp-, Holz- und Metallröhren, aus Blumentöpfen oder Waschmitteltrommeln, die mit Gummimatten, starker Plastikfolie, einem Fensterleder oder Pergamentpapier überzogen werden. Zum Befestigen benutzen wir Schnur oder Weckringe.

Drei Beispiele:

Blumentopftrommel	**Pappröhrenbongos**	**Installationsrohrbongos**
	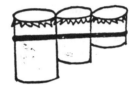	
Ein mit starker Plastikfolie bespannter Blumentopf wird zur Trommel.	Aus mehreren Pappröhren, die mit Schnur oder Klebeband verbunden sind, entstehen Minibongos.	Ein Plastikdoppelrohr (Doppelspüle) wird zum Bongo-Instrument.

Spielvorschläge:

Ständig sind wir von Klängen und Geräuschen umgeben; wir selber sind Klang- und Schallerzeuger mit und ohne Instrument. Um Musik zu machen, genügt die eigene Stimme. Musik entsteht auch, wenn wir auf den Tisch trommeln, auf einen Topf schlagen, in eine Pfeife blasen oder an einem gespannten Draht zupfen.

Mit Stimme und Händen

Die Spieler gehen gelöst durch den Raum und versuchen dabei, Geräusche, Töne und Klänge ohne Hilfsmittel zu erzeugen. Was kann ich alles mit meiner Stimme machen? Krächzen, husten, fisteln, prusten, seufzen, pfeifen, hauchen, röcheln, usw. Die Stimmen gehen durcheinander. Die Möglichkeiten sind fast unbegrenzt.

Nach einiger Zeit schließen sich die Spieler zu einem Kreis zusammen. Geräusche und Töne werden im Kreis weitergegeben. Hierbei kommt es auf das Aufeinanderhören an. Jeder Spieler läßt einen Ton oder eine Tonfolge erklingen (hoch, tief, laut, leise), bis eine ganze „Tonwolke" durch den Raum schwebt. Die Spieler können sich gegenseitig unterstützen, einen Ton übernehmen, darauf aufbauen, verändern, neu ansetzen, ihn ausklingen lassen.

Durch Abklopfen des Körpers mit der flachen, gespreizten oder hohlen Hand werden Laute und Geräusche erzeugt.

Die Spieler sitzen nun auf dem Boden und erzeugen mit den Händen, Fingerkuppen, Fingernägeln eine regelrechte Geräuschwelle, die sich über Stühle, Tische, Wände und Türen fortbewegt. Die Geräuschwelle kann sich verändern, lauter oder leiser werden, langsam anschwellen und wieder abklingen. Immer neue Möglichkeiten lassen sich entdecken, wenn die bisher versuchten Klang- und Geräuscherzeugungen gemischt werden.

Mit Gegenständen

Im Raum liegen verschiedene Gegenstände aus: Blechdeckel, Pappkartons, Plastikeimer, Zeitungen, Blechdosen, Holzlöffel, Zeitungen, Joghurtbecher, Schlüsselbund, Kieselsteine, Schnur, Alufolie, Klebstoff usw.

Jeder Spieler sucht sich einen Gegenstand und probiert damit alle möglichen Geräusche durch. Dem Einfallsreichtum und der Umarbeitungsfreude der Spieler sind keine Grenzen gesetzt. Einige werden ihr „Instrument" bearbeiten, um ihm neue Töne zu entlocken, andere versuchen, verschiedene Gegenstände miteinander zu kombinieren.

Nach einer intensiven Probierphase werden die einzelnen Instrumente vorgestellt, eventuell auch ausgetauscht. Für die Spieler ist es immer wieder beeindruckend, für sich selbst und im Zusammenspiel in der Gruppe zu erfahren, welche vielfältigen Improvisationsmöglichkeiten bestehen.

Verfremdungen und Experimente

Die Spieler sammeln und probieren möglichst unterschiedliche Stimmenverfremder.

Zu bekannten Liedern verfremden wir unsere Stimme; z.b. wird die Stimme lustig, laut, leise, überheblich, weich, hart. Alle Teilnehmer singen durch Röhren oder Schläuche.

In Tierliedern suchen wir für die einzelnen Tiere geeignete Stimmen.

Die Gruppe läßt sich durch optische Vorlagen wie Fotos, Gemälde, Wolken, selbst gemalte oder geklebte Bilder zu Musikstücken anregen.

Die Sprache wird musikalisiert, indem wir sie durch das Tonband bzw. die Kassette verändern, z.b. als Micky-Maus- oder Schlümpfe-Sprache, Bärensprache, usw.

Lieder in Szene setzen

Wir suchen Lieder, die sich von mehreren spielen lassen und überlegen, wie diese wirkungsvoll dargestellt werden können (Solisten, Chor, Instrumentalisten; Hinzunahme von Masken, Kostümen, Requisiten usw.).

Orchesterspiel

Zu einer vorgegebenen Melodie vom Kassettenrecorder oder Plattenspieler sind die Mitglieder des „Orchesters" gehalten, mit ihren selbstgebauten Instrumenten eine rhythmische Begleitung zu liefern.

Schon bei den ersten Musikstücken sollte jeder versuchen, sein Instrument möglichst gefühlvoll einzusetzen. Je mehr das Orchester aufeinander eingespielt ist, wird es auf die Hintergrundmusik vom Band verzichten und auf eigene „Produktionen" Wert legen.

Hörspielgestaltung

Die Produktion eines Hörspiels ist für viele Teilnehmer sicherlich die erste Gelegenheit, sich seiner variierenden Sprechmöglichkeiten bewußt zu werden.

Durch Versuch, Aufnahme und Kontrolle können die Spieler in Eigenregie selbstgestaltete Texte oder Textvorlagen zu Hörspielen verarbeiten.

Der spielerische Umgang, das persönliche und technische Experimentieren mit den Medien Kassettenrecorder oder Tonband führt zu Spannung und geistiger Bewegung. Sprachtempo, Betonung und Sprachrhythmus werden durch wiederholte Übung trainiert.

Was sonst flüchtig vergeht, wird im Hörspiel greifbar gemacht. Es lockt zum Miterleben und gleitet von der Arbeit zum Spiel und vom Spiel zur Arbeit.

Zur Spieltechnik

Im Gegensatz zum Dialog der Bühne oder im Film muß im Hörspiel der Dialog dem Hörer helfen, das Unsichtbare akustisch zu erfassen. Um die Fantasie des Hörers anzuregen und zu stützen, muß also der Dialog wichtige Hinweise auf Personen, Raum und Situation geben.

Da beim Hörspiel die Sprache das einzige Darstellungsmittel ist, muß die akustische Spieleröffnung sofort und unmittelbar die konzentrierte Mitarbeit des Hörers bewirken. Wenn sich der Hörer nicht bereits binnen weniger Minuten zurechtfindet, war das Spiel dramaturgisch schlecht aufgebaut.

Während das realistische Theater den laut denkenden Schauspieler von der Bühne verbannte, weil er unnatürlich wirkte, erweist sich beim Hörspiel ein längerer Monolog als durchaus wirksam.

Der Monolog kann als Selbstgespräch, als hörbare Folge von Eindrücken, Gefühlen, Gedanken und Assoziationen unterschiedlichster Art im Hörspiel als „innerer Monolog" poetische Formen annehmen.

Wie beim Bühnenstück ist eine Niederschrift des geplanten Handlungsablaufs erforderlich. Aus ihm gehen die Personen, die Orte der Handlung (Situationen) und die beabsichtigten Klangeffekte, Geräusche und Musik hervor. Auch die eventuellen Hilfsmittel, die wir für die Erzeugung von Geräuschen benötigen, müssen im Manuskript, dem „Drehbuch" des Hörspiels, stehen. Jeder Spieler erhält eine Durchschrift des Manuskripts.

Ein 25minütiges Hörspiel umfaßt etwa 25 DIN-A-4-Seiten. Um während der Aufnahme Nebengeräusche zu vermeiden, blättern wir das Manuskript nur sehr vorsichtig um, ohne mit dem Manuskript den Mund zu verdecken. Die Aufnahmequalität könnte sonst beeinträchtigt werden.

Bevor es jedoch zum Spiel vor dem eingeschalteten Gerät kommt, klären wir in ersten Leseproben ohne Technik gemeinsam in der Gruppe Grundlagen der Auslegung und Darstellung unseres Textes und versuchen kleine Fehler in den Griff zu bekommen.

Da im Gegensatz zur Bühne Gestik und Mimik nicht sichtbar werden, muß die Sprache der Akteure beim Hörspiel ausdrucksvoll und konzentriert sein. Nur so wird die einzelne Szene in Spannung gehalten.

Damit der Zuhörer der Handlung in ihrem Verlauf folgen kann, muß sie auch übersichtlich und gradlinig aufgebaut sein. Kunstvoll verschachtelte und konstruierte Sätze wirken beim Hörspiel unecht und ermüden den Zuhörer.

Der Raum muß beim Hörspiel künstlich hergestellt werden, da weder eine Bühne noch Schauplätze wie beim Film vorhanden sind. Der später für den Hörer mühelos nachvollziehbare Raumwechsel gehört zu den hervorstehenden Möglichkeiten des Hörspiels.

Geräusche helfen dem Hörer, eine Situation zu erkennen; sie wecken seine Fantasie und erzeugen Stimmungsbilder. Beim realistischen Hörspiel können wir am wenigsten auf eine Geräuschkulisse verzichten, sollten sie jedoch möglichst sparsam einsetzen. Wichtiger sind Geräusche, die als akustische Symbole die Handlung gliedern und verdichten. An Stelle realistischer Geräusche können musikalische oder elektronische Klangeffekte treten.

Musik kann ebenso wie Geräusche ein Hörspiel dramaturgisch gliedern helfen und eine Brücke zwischen einzelnen Spielphasen sein.

Im Handel sind Schallplatten mit den unterschiedlichsten Geräuschen und Klangeffekten erhältlich; so z.B. aus den Bereichen Natur (wie Vogelgezwitscher, Regen, Wind, Donner, Wasser, usw.), Wohnung, Verkehr, Freizeit, Mensch, Tier und Maschinen.

Kassettenrecorder und Tonbandgeräte sind ideale Medien zur Erstellung von Hörspiel und Reportage und leicht zu handhaben. Für normale Sprachaufnahmen sind Kassettenrecorder, die in guter Qualität heute etwa 200 Mark kosten, bestens geeignet. Ein Spulen-Tonbandgerät ist nicht nur wesentlich teurer in der Anschaffung, sondern auch unhandlicher. Es wird nur dann eingesetzt, wenn später bei der

Aufnahme unergiebige oder überflüssige Passagen herausgeschnitten werden sollen.

Auf das eingebaute Mikrofon des Recorders sollten wir verzichten. Besser ist die Verwendung eines Handmikrofons, das sich auf ein Stativ setzen läßt. Es verhindert unerwünschte Nebengeräusche und steigert die Tonqualität.

Spielvorschläge

Bevor wir mit Jugendlichen an das Umsetzen eines Hörspieltextes von Heinrich Böll, Manfred Bieler, Günter Eich oder Marie Luise Kaschnitz herangehen, beginnen wir mit einfachen spielerischen Übungen, bei denen mögliche Sprechhemmungen abgebaut und die Spielmotivation gefördert werden.

Am Anfang macht es Spaß, kurze Spielszenen, die vom Einfallsreichtum und der Spontaneität der Sprecher getragen sind, zu improvisieren:

- Kinder fühlen sich besonders von einem akustischen Quiz angesprochen. Wir haben hierfür Umweltgeräusche aus dem Alltag, aus der Welt der Technik oder verschiedenen Arbeitsfeldern aufgenommen, die von den Hörern zu erraten sind.
Steigerung des Schwierigkeitsgrades: Künstlich erzeugte Umweltgeräusche müssen ebeno wie ihr Zustandekommen geraten werden. (Welche Hilfsmittel wurden benutzt?)

Mit älteren Mitspielern erstellen wir Mini-Hörspiele, die sich durchaus zu einem bunten Programm zusammenfügen lassen:

- Verschiedene Straßenpassanten werden von einem Rundfunkreporter zu einem beliebigen Thema befragt. Die Passanten weisen unterschiedliches Sprachverhalten auf; sind z.B. verschüchtert, besonders gewählt im Ausdruck, zerstreut, undeutlich sprechend, Kraftausdrücke benutzend...
- Die international bekannte wie eigenwillige Opern-Diva Ludmilla Schreimann ist auf dem Münchener Flughafen eingetroffen, um am Abend in Bayreuth aufzutreten. Ein Reporter interviewt die Künstlerin... (als Einblendung Flughafengeräusche).
- Die Vorsitzende des Hausfrauenvereins eröffnet die Jahreshaupt-

versammlung mit einem Glöckchen und zeichnet drei langjährige Mitglieder für besondere Leistungen aus.
- In einer Rundfunk-Runde mit vier „Spitzenpolitikern" nehmen diese jeweils zu einem brisanten Thema aus ihrer Sicht Stellung. Ein Moderator sorgt dafür, daß die Herrschaften sprachlich gesittet miteinander umgehen.
- Professor Schläfke hält einen hochwissenschaftlichen Vortrag zum Thema „Winterschlaf". Während seines etwa dreiminütigen Vortrags wird er zunehmend müder (Ausklang: Schlaf- oder Wiegenlied).
- Gong! Dritte Runde! Ein Sportreporter kommentiert ein packendes sportliches Ereignis; z.B. einen Boxkampf (Schlaggeräusche, Gong wird geschlagen, Applaus...)
- Wir nehmen Comic-Hefte als Dialog-Vorlage für ein Hörspiel. Wer keine Sprecherfunktion hat, übernimmt eine Geräuschrolle. Ein besonders aufschlußreiches „Hörerlebnis" und ein guter Ansatz zum Gespräch über Comicinhalte.

Audiovisionsspiel mit Kassettenrecorder und Diaprojektor

Auch in einer Zeit modernster Videotechnik ist das Audiovisionsspiel, die Vereinigung von Ton- und Bilddarstellung zu einer Tonbildschau eine eigenständige Erlebnis- und Ausdrucksform des darstellenden Spiels. Es fördert neben den bereits erörterten Möglichkeiten des darstellenden Spiels und dem sicheren Umgang mit den technischen Medien thematisches Strukturieren, Wahrnehmungsfähigkeit und bildnerisches Gestalten. Das Erkennen der kommunikativen Bedeutung von Gebärden und Körperhaltung wird trainiert, zumal das Auge des Betrachters beim Einzelbild länger verweilen kann, als dies bei der raschen Bildfolge des Mediums Film der Fall ist.

Das Instrumentarium einer Tonbildschau besteht aus einem vollautomatischen Diaprojektor, einem Diasteuergerät und einem Kassettenrecorder bzw. Tonbandgerät. Über das Diasteuergerät bekommt der Kassettenrecorder Impulse, die später bei der Vorführung den Diawechsel auslösen. Nur wenige Geräte der oberen Preisklasse besitzen einen eingebauten Steuerkopf.

Gute Ratschläge für den jeweiligen Geräteeinsatz geben die Stadt-, Kreis- und Landesbildstellen.

Grundsätzlich können wir für eine Tonbildschau jeden handelsüblichen Kassettenrecorder der mittleren Preisklasse benutzen. Für die Aufnahme empfiehlt sich ein dynamisches Mikrofon, wobei wir beachten müssen, daß es hier erhebliche Preis- und Qualitätsunterschiede gibt. Besser noch sind zwei dynamische Richtmikrofone, die wir an ein Tonband anschließen. Für unsere Tonbildschau können wir nur einen automatischen oder vollautomatischen Diaprojektor mit guter Lichtstärke gebrauchen, bei dem Diawechsel und Scharfeinstellung des Objektivs fernsteuerbar sind.

Nach dem Kennenlernen der Gerätetechnik durch die Spielgruppe, die erst einmal eine „ernsthafte" Sache ist, teilen wir die Gesamtgruppe (8–12 Personen) in zwei Teilgruppen auf. Eine Gruppe kümmert sich um den künstlerisch-fotografischen Bildteil der Schau, die andere beschäftigt sich mit den Sprechrollen und der akustischen Untermalung durch Musik und Geräusche. Ein gemeinsamer Rahmenplan (Leitidee) wird abgesprochen. Je nach Zeit und Möglichkeiten der Spielgruppe kann das anzustrebende Ziel eine etwa 20minütige Audiovisionsschau mit ca. 90–100 Tonbildern sein.

In der Praxis mit einer elfköpfigen Gruppe 14–17jähriger Jugendlicher dauerte die Erstellung der Schau bei ca. 3 Stunden Arbeit wöchentlich ungefähr 6 Wochen.

Nach Fertigstellung und Entwicklung der Dias nehmen alle Gruppenmitglieder in einer „Redaktionskonferenz" an der Auswahl des Bildmaterials für die Tonbildschau teil. Text, Musik und Geräusche werden jetzt in der Endfassung auf das Bildmaterial abgestimmt und aufgenommen.

Um eine befriedigende Sprech- und Ausdrucksqualität zu erhalten, werden mehrere Sprechversuche erforderlich sein.

Spielimpulse und Themenvorschläge

Der Spielimpuls kann von einem Gedicht, einer Zeitungsüberschrift, von unseren menschlichen Schwächen, einer Alltagssituation oder beschreibbaren Gefühlen ausgehen.

Die folgenden Themenvorschläge, besinnliche wie satirische, lassen sich gut mit eigenen oder literarischen Texten, entsprechender Musik und Klangeffekte zu ausdrucksvollen Tonbildschauen gestalten:

Landschaftsbilder:	Stimmungen, Wetterumschwung, Sonne, Ernte, Wolkenberge, Bäume, Wasser, Strand, Steine, Wald, Gebirge, Dorf, Landstraße, Feldweg...
Gedichte werden zu Bildern:	z.b. von Hermann Hesse, Ernst Jandl, Novalis...
Gefühle:	Liebe, Freude, Zärtlichkeit, Trauer, Wut, Schmerz...
Sichtweisen:	Alltagsthemen wie z.b. „spielende Kinder" aus der Sicht verschiedener Betrachter (Kind, Eltern, Nachbar...)
Reise in die Vergangenheit:	z.b. „Auf den Spuren eines Dichters" oder einer lokalen Persönlichkeit...
Menschen:	beim Gespräch, Hobby, Sport und Spiel, bei der Arbeit, menschliche Schwächen, „Jahrmarkt der Eitelkeiten", Mensch und Architektur...
Tiere:	„Typisch menschlich" wie z.b. der Affe im Zoo: Betrachter und Betrachteter im Wechselspiel; „Auf den Hund gekommen – Hund und Mensch nähern sich an", eine „Charakterstudie"...
Verfremdete Umwelt:	Durch Nahaufnahmen – Table-Top-Fotografie – werden Objekte wie Spielzeug, Naturmaterial, Haushaltsgegenstände, Abfälle zu Stilleben komponiert und z.B. mit Musik und Lyriktexten unterlegt...
Werbung:	einmal anders; kritische Reflexion des Themas.
Krimi:	Ein Tonbildkrimi mit offenem Ende, bei dem das Publikum den Fall lösen muß...
Liebesgesichte:	Annäherung, Trennung, Sehnsucht, sich finden...

Vor und hinter der Videokamera

Seit Beginn der achtziger Jahre hat die moderne Videokamera als kreativ einzustehendes Medium mehr und mehr das Interesse bei Schüler-, Jugend- und Erwachsenengruppen gefunden. Wesentlich stärker als beim Schmalfilmen ist die Videotechnik eine echte Gruppenaufgabe. Beim Umgang mit der Videokamera können die Teilnehmer mit Themen aller Art experimentieren und hierbei ihre verschiedenen gestalterischen Fähigkeiten erkunden und erproben, ihre Ausdrucks- und Kommunikationsfähigkeit freisetzen und trainieren. Die Wirkungen des Mediums Video, das Erkennen seines Nutzens wie das Bewußtmachen seines manipulativen Einsatzes sind weitere wichtige Lernerfahrungen, die bei dieser Spielform gemacht werden können.

Während die Anschaffung der Geräte Investitionen von ca. 1000 bis 1500 Mark voraussetzt, sind Kassetten recht günstig zu haben. Sie können beliebig oft gelöscht und mit neuen Aufnahmen bespielt werden. Im sofortigen Betrachten und Wiederlöschen liegt das hauptsächliche Kaufkriterium für eine Videokamera.

Wer sich zur Anschaffung eines Kamerarecorders entschließt, sollte sich zuvor im Fachhandel genau umsehen, die Gebrauchsanleitungen der verschiedenen Fabrikate gründlich studieren und auf ein gängiges Kassettenformat – heute meist Super-VHS-Format – achten. Digitalkameras sind noch verhältnismäßig teuer.

Da nach einer gewissen Arbeitszeit mit der Videotechnik auch bei Gruppen das Interesse nachläßt, wird man wegen der hohen Kosten auf eine Anschaffung verzichten und sich bei Bedarf eine Anlage ausleihen. Ansprechpartner hierfür sind die Stadt- und Kreisbildstellen, Jugendämter, Jugendringe und Jugendfreizeitheime, kirchliche Bildungseinrichtungen und Jugendverbände. In den meisten größeren Städten gibt es Fernseh- und Videofachgeschäfte, Videoclubs und Videotheken, die gegen eine entsprechende Gebühr Kameras und Videorecorder ausleihen.

Fassen wir einmal die wichtigsten Vor- und Nachteile des Videosystems zusammen:

Vorteile:

– Das Aufnahmematerial ist mehr als preisgünstig, z. Zt. pro Minute ca. 3 Pfennige.

- Mißlungene Aufzeichnungen stellen kein Risiko dar. Bänder können gelöscht und erneut bespielt werden.
- Lange Spieldauer der Kassetten (bis maximal 4 Stunden).
- Das Band kann sofort angesehen werden.
- Geräuschlose Aufnahme und Wiedergabe.
- Gute Aufnahmen auch bei schwacher Beleuchtung.
- Farbe, Kontrast und Helligkeit lassen sich am TV-Gerät nachregeln.
- Ruhiges Bild bei der Wiedergabe.
- Video ermöglicht gute Tonaufzeichnungen.

Nachteile:

- Die komplette Video-Ausrüstung ist relativ teuer.
- Videogeräte sind empfindlich gegen Staub, Stöße und Nässe.
- Bei extremen Gegenlichtaufnahmen kann die Bildröhre geschädigt werden.
- Ohne „schneiden" bleibt das Ergebnis oft langweilig.
- Liegen die Akkus längere Zeit ungebraucht herum, geben sie u. U. ihren Geist für immer auf. Ältere Kameras haben dann nur noch Schrottwert.

Video-Arbeit mit Schülern und Jugendlichen

Bei der Video-Arbeit mit Schülern und Jugendlichen sollten wir Projekte mit übersehbaren Zeiträumen (2–3 Wochen) ins Auge fassen und unbedingt zu einem Abschluß führen.

Je nach Vorhaben bilden wir eine nicht zu große, effektive Arbeitsgruppe und lassen die Akteure an allen Phasen der Video-Arbeit teilnehmen (Drehbuchgestaltung, Vorbereitung, Produktion, Schnitt und Vorführung). Wir verteilen auch technische Verantwortung und übertragen Funktionen auf möglichst viele Mitspieler (Darstellung, Regie, Kulisse, Licht, Ton, Protokoll, Werbung).

Für den Einstieg gilt: Mißerfolge nicht zu tragisch nehmen und flexibel sein.

Spieltechnische Überlegungen und Organisationshilfen

Spielhandlungen entwickeln sich nicht aus fertigen Antworten heraus, sondern aus offenen Fragen.

Bevor wir ein Video-Vorhaben verwirklichen, fertigen wir ein *Exposé,* einen Handlungsentwurf, an. Das Exposé schildert, was geschehen soll. Dafür sammeln und erörtern wir in der Gruppe Vorschläge und halten unsere Einfälle – seien sie noch so verrückt – auf einem großen Papierbogen schriftlich fest.

Im *Treatment,* einem ausführlichen Handlungsverlauf, werden bereits die Orte der Handlung angegeben und die einzelnen Szenen näher beschrieben.

Wir klären so unter anderem: Wo soll das Stück spielen? – Wann soll das Stück spielen? – Welche Personen sollen in ihm vorkommen? – Was soll gespielt werden? – Welche Form erhält unsere Geschichte?

Im *Drehbuch* endlich wird das beschrieben, was und wie mit welchen Dialogen gefilmt werden soll.

Jede Spielgruppe muß ihre eigene Methode finden, ein Drehbuch zu entwickeln. „Kochbuchrezepte" gibt es hierfür nicht. Mancher Regisseur kommt mit einem kleinen Notizzettel aus, während andere jede Einstellung genau aufzeichnen, Pläne für die Raumaufteilung entwickeln und festlegen, wo die Kamera stehen soll.

Da wir keine Profis sind, müssen wir auch nicht unbedingt zu einer festen Zeit zu einem ganz bestimmten Ergebnis kommen. Deshalb benötigen wir zunächst kein komplettes Drehbuch. Eine schriftliche Gedächtnisstütze über den Ablauf reicht aus. Wirklich klare Bilder ergeben sich oft erst beim Aufschreiben und Aufzeichnen. In der Gruppe sprechen wir dann über das Konzept und nehmen gegebenenfalls notwendige Korrekturen vor.

Um alle für die Dreharbeiten notwendigen Hilfsmittel und Materialien zur Hand zu haben, sollten auf einer Utensilienliste alle erforderlichen Zubehörteile, Gegenstände, Kleidungsstücke und Requisiten aufgeführt sein, die im Videofilm zum Einsatz kommen sollen...

Für die Filmgestaltung läßt sich generell die Regel aufstellen: Einleitung – Höhepunkt – Ausklang. In der Einleitung soll der Zuschauer erfahren, wer, was, wann, wie, wo spielt und um was es geht. Der Höhepunkt bringt das Wesentliche bzw. die Spannung des Filmthemas, die Aussage. Der Ausklang führt, möglichst nicht abrupt, zum „Ende".

Von unserem Rahmenkonzept läßt sich ein Drehplan erstellen, in dem der Verlauf der einzelnen Szenen (Handlungsverlauf) aufgeführt wird.

Das Schema kann in etwa so aussehen:

Szene Nr.	Bild (Ort, Darsteller, Situation)	Dauer der Szene	Einstellung	Ton (Musik, Klangeffekte)

Einstellungen können z.b. sein: Weitaufnahme (W) = besonders große Übersichtsaufnahme; Totale (T) = Übersichtsaufnahme; Nahaufnahme (N) = Ausschnitt des Aufnahmeobjekts oder Großaufnahme (G) = z.B. Kopf, Mund, Hände

Hinter der Video-Kamera

Bei ersten Probeterminen kontrollieren wir, ob Kamera, Recorder und Ton richtig funktionieren. Diese Überprüfung empfiehlt sich zu Beginn jedes Drehvorhabens.

Am Anfang haben wir sehr intensiv das Scharfstellen geübt, sind mit dem Zoom ganz nah an das Objekt herangegangen, haben dann mit dem Zoom den gewünschten Bildausschnitt eingestellt. Unscharfe Bilder von einer an sich gelungenen Szene können äußerst frustrierend sein.

Handelt es sich um eine ältere Videokamera, die noch an einen Recorder angeschlossen wird, so sollte der Recorder auf dem Boden stehen. Zu leicht können angeschlossene Geräte bei einem plötzlichen Ruck vom Tisch oder Stuhl stürzen. Da wir bei der Videoaufzeichnung den Ton direkt aufnehmen, müssen wir für Ruhe sorgen und das Mikrofon möglichst dicht an die Schallquelle bringen. Wie beim Super-8-Filmen gilt der Grundsatz: Lieber eine ruhige Einstellung als die Kamera ständig zu schwenken.

Video ist im Gegensatz zur Super-8-Technik, wo Zeit wirklich Geld kostet, das Medium, mit dem wir komplett – ohne Unterbrechung – aufnehmen können. Wollen wir später dennoch das erhaltene Bildmaterial schneiden, um „mehr Leben" ins Geschehen zu bringen, müssen wir immer etwa fünf Sekunden Vorlauf lassen, bevor die Handlung beginnt oder aber auf Ausschuß produzieren.

Nach einer Aufnahme kontrollieren wir Bild und Ton. Es zahlt sich übrigens aus, sich an Qualitätskassetten zu halten. Billigprodukte unterliegen oft einem starken Abrieb, der das Gerät verschmutzt und die Bild- und Tonqualität beträchtlich mindert.

Vor der Video-Kamera

Für das Spiel vor der Video-Kamera wird genügend Zeit benötigt; am besten ein langer Nachmittag oder sogar ein ganzes Wochenende.

Je nachdem, welche Vorerfahrungen die Spieler vom darstellenden Spiel mitbringen, macht es ihnen schon am Anfang großen Spaß, vor der Kamera zu agieren. Andere Teilnehmer sind zunächst beklommen, zurückhaltend und verkrampft oder flüchten sich zunächst einmal in die Albernheit.

Diese anfänglichen Hemmungen legen sich sehr rasch fast von allein durch eine besondere Aufmerksamkeit verlangende Aufgabenstellung (Stegreifspiel, Sketch oder Planspiel). Die Konzentration auf das darstellende Spiel nimmt die Teilnehmer derart in Anspruch, daß die aufzeichnende Videokamera für sie gar nicht mehr da zu sein scheint.

Vorführung des Films

Beachsichtigen wir unseren Film einem größeren Publikum vorzuführen (z.B. im Jugendfreizeitheim), so müssen wir einen geeigneten Raum suchen, in dem Ablenkungsmöglichkeiten, z.B. durch laute Musik, ausgeschaltet sind. Für die Zuschauer müssen wir einen günstigen Blickwinkel schaffen und gegebenenfalls für ein anschließendes Gespräch einen Diskussionsleiter auswählen.

Um auf unseren Film aufmerksam zu machen, ist nach wie vor die Mundpropaganda besonders geeignet. Auch eine Notiz in Lokalpresse, Plakate, Handzettel und Einladungen an bestimmte durch den Film anzusprechende Zielgruppen sind geeignete Werbeträger.

Themen- und Spielvorschläge:

Alle personalen und figuralen Spielformen dieses Buches eignen sich als Spielhandlungen für die Videoaufzeichnung. Das sind z.B. die Pantomime, das soziale und problemorientierte Rollenspiel, Sketche, Bühnenstücke, alle Formen des Figurenspiels (Schattenspiel, Marionettentheater, Handpuppenspiel), aber auch Tricks mit beweglichen Puppen oder Flachfiguren) sind ohne weiteres möglich.

Für den Einstieg eignen sich besonders Parodien und Sketche auf das Medium Fernsehen. Bei allem Spielspaß am Umgang mit Fernsehinhalten helfen die Spielangebote die Scheinwelt des Fernsehens zu erkennen und zu demaskieren. Außerdem wird die Trennung zwischen Publikum und Akteuren aufgehoben...

Tagesschau

Wir ändern eine „Tagesschau"-Sendung auf unsere Situation ab. Auch bei uns gibt es Aktuelles mit Life-Berichten, Gesprächen und Betroffenen. Es gibt Sport, Politik und Kultur. Neben einem seriös auftretenden Nachrichtensprecher oder einer ebenso seriös auftretenden Sprecherin wird die Tagesschau durch den Kommentar eines „Gastmoderators" und durch „Korrespondentenberichte vor Ort" aufgelockert.

Material: Requisiten je nach Situation.

Vorabend-Show

In unserer zwischen den Werbespots angelegten kleinen Vorabendshow treten auf: Ein überaus charmanter Showmaster, eine besonders schön lächelnde Assistentin; zwei Kandidaten, die drei mehr simple als schwere Aufgaben lösen müssen; zwei Show-Stars, die im Playback-Verfahren singen; eine seit 30 Jahren nicht mehr filmende Diva, die ihr erstes Buch vorstellt. Zum Schluß werden an die beiden Kandidaten die Preise verliehen.

Findet unsere Show bei einem Privatsender statt, wird sie mehrmals durch kurze Werbetexte, die der Showmaster einfließen läßt, unterbrochen.

Material: Requisiten u. Verkleidungen.

Große Gala-Show

Der „Fahrplan" für unsere Super-Show könnte so aussehen: Schmissige Musik ertönt – der Showmaster erscheint – Ballettparodie von 3–5 Spielern – Showmaster erzählt mißglückten Eröffnungswitz – Duett (Parodie zur Opernplatte) – Pantomime – musikalische Einlage (Heimatlied) – Mini-Talk mit einem „sehr prominenten" Gast – Punkgruppe (3 Sänger nach Play-back) spielt auf selbstgebauten Instrumenten – „Spiel mit zwei Kandidaten aus dem Publikum" – drei kurze „Black-outs" folgen – Nonsens-Umfrage im Publikum – noch einmal Ballett – ein äußerst ungeschickter Magier tritt auf und macht so ziemlich alles falsch – Heino singt „Blau, blau, blau blüht der Enzian" (nach Play-back) – Interview mit einem gerade noch eingetroffenen Super-Star aus USA (Verständigungsschwierigkeiten zwischen Showmaster und Star) – Super-Quiz mit drei Publikumskandidaten: 2 Fragen müssen beantwortet werden – anschließend groß aufgezogene (und ausgedehnte) Super-Sonder-Preisverteilung an den 1., 2. und 3. Sieger – Finale mit allen Beteiligten – Musik.

Material: Requisiten und entsprechende Verkleidungen.

Werbung

Gäbe es sie nicht, wüßten wir gar nicht, wie schön die Welt eigentlich ist: die Werbung.

In unserer Werbesendung wird für alles geworben, was uns das Leben und unser Portemonnaie etwas leichter macht: Seife, Waschmittel, Schokolade, Kaffee, Autos, Mode, Magarine, Erfrischungsgetränke, Luxusartikel, Schönheitselixiere. Welcher Herr „Saubermann" bietet sein Produkt besonders werbewirksam an?

Material: Requisiten u. Verpackungen.

Sportstudio

In unserem „Aktuellen Sportstudio" wird nicht nur über die letzten Tennissiege von Boris Becker und Steffi Graf oder das Fußballtor des Monats berichtet; es werden auch Sportler interviewt, die während des Gesprächs immer wieder auf die Produktwerbung auf ihrem Trainingsanzug zu sprechen kommen. Auch werden neue olympiaver-

dächtige Sportarten dem sportbegeisterten Fernsehpublikum vorgeführt und von Sportreporter Rudi Flink kommentiert.

Da spielen z.b. zwei Fußballmannschaften mit einem großen
Schaumgummiwürfel „Würfelball", zwei am Bein des anderen Spielers befestigte Läufer führen den „Dreibeinlauf" vor, andere Schuh-
Ski, Faßrollen, Styropor-Wettangeln im Planschbecken, Bierkästen-
stemmen und anderes mehr. Die „Weltmeister" dieser Disizplinen
werden interviewt und dürfen kräftig aufschneiden.

Material: Sportutensilien, Inserate mit Sportartikelwerbung, Aufkleber,
Vereinswimpel.

Schlagerparade

Vom Fernsehen wissen wir, daß Sänger meist nicht „live", sondern
zum Band bzw. zum Play-back singen.

Wie beim echten Fernsehen kündigt ein wortgewaltiger Hitparaden-
jockey die Schlagerstars (etwa 6–8 sollten auftreten) an.

Der Star betritt in der ihm ureigenen, unverkennbaren Art die
Bühne, öffnet den Mund und bemüht sich, durch Mimik und Gestik
das werte Fernsehpublikum von seiner Play-back-Kunst zu überzeugen.

Material: Verkleidungen, sorgfältig zusammengestellte Schlagerschnulzen.

Variation: Ähnlich läßt sich mit Musikuntermalung und lebhaften Erläute-
rungen eines Conférenciers eine „Modenschau" aufzeichnen. Themen: Frühjahr-, Sommer-, Herbst- und Winterkollektionen;
Abendkleidung; neue Hutmode. Verrückten Ideen sind, wie in der
Mode üblich, keine Grenzen gesetzt.

VIP-Talkshow

Seit vielen Jahren gehören Talkshows zum festen Bestandteil des
Fernsehprogramms. Geben sie doch mehr oder minder wichtigen
Zeitgenossen die Möglichkeit zur Selbstdarstellung. Nicht selten wer-
den Talkshows auch von ihren Gästen zur Eigenwerbung für ein neues
Buch, eine Schallplatte, einen neuen Film genutzt.

Für unsere Talkshow schlüpfen ein oder zwei redegewandte Spieler
in die Rolle des Talkmasters. Vier bis fünf andere Spieler treten als
VIPs, als besonders bedeutende prominente Gäste, auf. Diese können

aus den Bereichen Showgeschäft, Musik, Film, Politik, Sport oder Wissenschaft kommen.

Eine wichtige Voraussetzung für das Gelingen unserer Fernsehtalkshow sind die rhethorische Gewandtheit der Talkmaster und ein spontanes Reagieren der Gäste auf Fragen nach dem Berufs- und Privatleben. Für die Typisierung der dargestellten Prominenten reichen oft wenige Utensilien und die Überzeichnung charakteristischer Merkmale (Gestik, Mimik, Aussprache). Musik sorgt für den Auftakt, ein bis zwei Unterbrechungen während der Talkrunde und für den Ausklang.

Material: Verkleidungen und Schminke.

Lumineszenstheater

Diese Form des darstellenden Spiels regt zum Experimentieren mit den Möglichkeiten der Videotechnik an und liefert zum Teil recht reizvolle Bilderbenisse.

Hände werden mit Leuchtfarben bemalt und dabei zu Figuren umgestaltet, die vor schwarzem Hintergrund agieren. Mit UV-Strahlen angestrahlt leuchten sie in glühenden Farben auf. Als Spielthema bietet sich hier z.B. ein „Ballett der Hände" an.

Material: großes schwarzes Tuch, Leuchtfarben, Musikaufnahmen.

Weitere videogene Themen

sind Zaubereien (es kracht und raucht), Ausstellungen, Tanz op de Deel, spielende Kinder, Stimmungsbilder, Experimente und Reportagen.

Themenvorschläge für 10-Minuten-Filme

- Mein täglicher Weg. Was gefällt mir? Was geht mir auf die Nerven?
- Ein Traum
- Streit – Aus meiner und aus deiner Sicht
- Vertauschte Rollen (Schüler/Lehrer, Kind/Eltern, Untergebener/Chef)
- Altes Handwerk in unserer Gegend

- „Heimatfilm"
- Warum mir das Leben Spaß macht

In manchen Städten, wie auch im ostholsteinischen Eutin, haben sich Jugendgruppen gebildet, die mit Unterstützung der Stadtverwaltung und eines erfahrenen Videofilmers ein „Stadtfernsehen" betreiben und in bestimmten Zeitabständen – etwa als Monatsschau – aus der unmittelbaren Umgebung berichten. Die jeweils ca. halbstündigen Sendungen laufen über die in Schaufenstern der örtlichen Geschäfte aufgestellten Fernsehapparate und erfreuen sich bei den Passanten allgemeiner Beliebtheit.

Gestalten mit Super-8-Film

Wie bei allen bisher besprochenen technisch-medialen Spielformen geht es auch beim Gestalten mit der Super-8-Kamera um das Erfahren, Trainieren und Verbessern kreativer Ausdrucksmöglichkeiten. Die Teilnehmer erleben die Filmarbeit – von der Thematisierung bis zur Vorführung – als schöpferischen Prozeß und als Mittel sich zu artikulieren. Sie lernen dabei, ihre Umwelt aus neuen Blickwinkeln zu betrachten. Der Einfluß des Films auf die Verhaltensweisen der Zuschauer führt schließlich zu seiner Analyse, die Denkanstöße zur Selbstfindung auslösen kann.

Wer sich mit dieser nostalgischen Spielform auseinandersetzen möchte, sollte über die filmischen Gestaltungsmittel Bescheid wissen. Mehr noch als beim Umgang mit der modernen Videokamera ist der vertonte Super-8-Film eine „Tüftelei, die Geduld, Ausdauer, Idealismus und schöperische Fantasie" voraussetzt.

Welche Vor- und Nachteile hat das Super-8-System?
Zuerst die Vorteile:

- Geringe Anschaffungskosten im Vergleich zur Videoausrüstung.
- Auf Flohmärkten sind S-8-Kameras schon für 20–50 DM zu bekommen.
- Große Projektion bis zu einer Bildbreite von 2 Metern ist möglich.
- Großer Zuschauerkreis ist bei der Vorführung möglich; 150 Personen und mehr.
- Super-8-Kameras sind relativ robust.

– Aufnahmen bei schwacher Beleuchtung sind möglich; ebenso Schwenks, Gegenlichtaufnahmen, Ein- und Ausblenden, Zeitlupe und Zeitraffung bei der Aufnahme.
– Wartung ist unproblematisch.

Die Nachteile:

– Völlig veraltetes Aufnahmeverfahren.
– Aufnahmematerial ist teuer (pro Minute Stummfilm ca. 4,– DM, Tonfilm ca. 6,– DM).
– Unbefriedigende Aufzeichnungen können nicht gelöscht werden.
– Keine Korrekturmöglichkeiten für Farbe und Kontrast.
– Geräusche bei der Aufnahme (Kamera) und der Wiedergabe (Projektor).
– Tonaufzeichnungen während der Aufnahme sind problematisch.

Super-8-Ausrüstungen sind heute in sehr vielen Fotofachgeschäften als Gebrauchtgeräte sehr preiswert zu haben. Vom technisch einwandfreien Zustand der Geräte muß man sich vor dem Kauf überzeugen. Das Filmmaterial für einen 30-minütigen Stummfilm liegt bei 100 Mark, bei einem Tonfilm um 160 Mark.

Für das Filmen benötigen wir neben der Kamera (möglichst mit Zoomobjektiv) ein Profilstativ mit Mittelsäule und Kinopanoramakopf. Es muß fester sein als ein Fotostativ, da ein Veitstanz der Leinwandbilder später beim Publikum wenig Begeisterung auslöst. Außer 2 Filmleuchten mit 200 V/500 Watt müssen wir, je nach Kameraausführung, S-8-Filmkassetten mit oder ohne Tonspur und Ersatzbatterien für die Kamera haben. Für die Bearbeitung nach der Filmentwicklung benötigen wir Filmklebepresse, Klebematerial und für den Filmschnitt einen Filmbetrachter. Er ist eine nützliche Hilfe, da er über eine Filmbildeinstellung und über eine Markierungsstanze verfügt, die beim Schneiden die Arbeit wesentlich erleichtert. Je nach Art der Vertonung werden gegebenenfalls noch Kassettenrecorder oder Tonband eingesetzt.

Zur Vorführung schließlich brauchen wir einen lichtstarken Projektor (mit Halogenlampe), gegebenenfalls Kassettenrecorder/Tonband oder Schallplattenspieler und eine gute Bildwand.

Vor der Anschaffung des einen oder anderen benötigten Gerätes sollte sich die Gruppe genau über Preise, Ausstattung und Leistung informieren und Preisvergleiche anstellen.

Spieltechnische Überlegungen

Im Gegensatz zur Videotechnik müssen wir beim Super-8-Film mit dem vorhandenen Filmmaterial recht sparsam umgehen. Da nachträgliche Korrekturen ausgeschlossen sind, proben wir erst einmal die Kameraeinstellungen und Szenen ohne laufende Kamera.

Durch eine gute Organisation und wiederholtes Proben können wir von vornherein verhindern, daß später viel herausgeschnitten werden muß.

Die bei Anfängern beliebten Schwenk- und Panoramaaufnahmen sollten nur sehr selten angewandt werden. Die Ergebnisse sind beim Super-8-Format in der Regel ziemlich enttäuschend. Bei der Organisation unseres Filmprojekts müssen wir auch bedenken, daß im Freien meist mehr Aktionsraum zur Verfügung steht als bei Innenaufnahmen, wo wir mit jedem halben Meter kalkulieren müssen und die jeweils richtigen Lichtverhältnisse Kopfzerbrechen bereiten können.

Für unseren ersten, den Experimentierfilm, ist noch kein Drehbuch erforderlich. Ohne einen Notizzettel mit Angaben zur Rahmenhandlung und Dauer der einzelnen Szenen geht es jedoch nicht. Er ist so etwas wie der „rote Faden". Am Anfang sollte keine Szene unter sechs Sekunden liegen. Groß- und Ganzgroßaufnahmen wirken auf Super-8-Filmen wesentlich mehr als Panoramaaufnahmen.

Manche Filmgruppen glauben am Anfang, sie müßten es dem „großen Film" nachmachen. „Casablanca", „Rain Man" oder „Titanic" kann man nur drehen, wenn es auf ein paar Millionen mehr oder weniger nicht ankommt.

Beim Super-8-Filmen haben wir es, entsprechend unserer Möglichkeiten, mit bescheidenen Mitteln zu tun.

Statt mit filmischen „Bandwürmern" von 30 Minuten Dauer und mehr zu beginnen, sollte die Filmgruppe mit Kurzfilmen bis zu 10 Minuten beginnen.

Der „Regisseur" führt die „Schauspieler" mit leichter Hand und gewährt ihnen – wie beim personalen Spiel beschrieben – genügend Spielraum für die eigene Auffassung von der Rolle.

Neben den Rollen verteilen wir auch die technischen Aufgaben in der Spielgruppe, wobei wir die Neigungen, Wünsche und Fähigkeiten der Teilnehmer berücksichtigen. So gibt es Aufgaben als Autor, Regisseur, Darsteller, Maskenbildner, Kameramann, Beleuchter, Tontechniker und Cutter (für den Filmschnitt nach der Entwicklung).

Viele der in diesem Buch beschriebenen Spielformen lassen sich in einen Super-8-Film umsetzen (siehe auch „Video").

Schnitt und Ton

Kommt der Film von der Entwicklung zurück, lassen wir ihn zwei- bis dreimal durch den Projektor laufen, um ein Bild davon zu bekommen, wie der Film durch einen geschickten Schnitt in seiner Wirkung noch ausdrucksvoller gestaltet werden kann. Genügend Selbstkritik vorausgesetzt, schneiden wir die nicht so gelungenen Szenen heraus und geben dem Film seine Endfassung.

Auch bei den Super-8-Filmern ist die Stummfilmzeit längst vorbei. Der Tonteil eines Films läßt sich unterschiedlich gestalten. Wenn eine Filmgruppe lediglich über eine Stummfilmkamera verfügt, kann sie das Film-Thema mit Musik und Umweltgeräuschen untermalen, die separat vom Kassettenrecorder oder Tonband kommen. Natürlich lassen sich auch erklärende Texte, wie wir sie von Opa's Kintop her kennen, verwenden.

Die Stadt-, Kreis- und Landesbildstellen verleihen geeignete Super-8-Filme, die sich mit dem Filmemachen (Regie, Technik, Filmtricks, Schnitt und Vertonung) beschäftigen. Umfassende technische Hilfen geben auch die im Literaturverzeichnis genannten Fachbücher.

Vorführung

Führen wir unser „Filmwerk" vor einem Publikum vor, so muß der Raum rechtzeitig für die Projektion vorbereitet sein. Dies gilt für die sichere Installation des Projektors und der Tonquellen (Kassettenrecorder usw.) ebenso wie für das Aufstellen der Sitzgelegenheiten und der Bildwand. Sie sollte so hängen, daß alle Zuschauer das Bild möglichst von vorne betrachten können.

Um bei einem Filmriß schnell Abhilfe zu schaffen, deponieren wir beim Projektor eine Taschenlampe, Klebstreifen und Heftklammern. Sicherheitshalber besorgen wir auch eine Ersatzlampe für den Projektor.

Wenn es tatsächlich zu einer Panne kommen sollte, Ruhe bewahren und die Reparaturzeit vielleicht mit einer Kleinspielform aus diesem Buch überbrücken.

Noch ein Wort zum Schluß sei erlaubt.

Eine Gruppe, die lange an ihrem Film gewerkelt hat, wird in der Regel auch von ihm begeistert sein. Das ist auch gut so. Allerdings ist diese Voraussetzung beim Publikum nicht immer ohne weiteres gegeben, da es – wie wir auch – vom großen Film und Fernsehen her verwöhnt ist.

Schließlich stehen Super-8-Filmern auch nicht die finanziellen, technischen und professionellen Mittel des „großen Films" oder einer Fernsehanstalt zur Verfügung.

Demnach sollte nicht unerreichbares Perfektionismusdenken, sondern Spaß und Freude den Ausschlag für die Beschäftigung mit dieser nostalgisch-technisch-medialen Spielform geben.

Literaturverzeichnis

Achtnich, E./Opdenhoff, W. E.: Rollenspielkarten. Gelnhausen [2]1975
Aktionsbuch für Freizeit, Fortbildung, Therapie und Alltag. Ravensburg 1977
Amtmann, P. (Hrsg.): Puppen – Schatten – Masken. München 1966
Andersen, B. E.: Das Puppenspielbuch. Ravensburg 1979
Arndt, F.: Das Handpuppenspiel. Kassel u. Basel [6]1976
Argyle, M.: Körpersprache und Kommunikation. Paderborn 1979
Baer, U.: Wörterbuch zur Spielpädagogik. Basel 1981
Batek, O.: Einfache Marionetten zum Nachbauen. Ravensburg 1985
Beimdick, W.: Theater und Schule. Grundzüge einer Theaterpädagogik. München 1975
Bertelsmann, K.: Ausdrucksschulung. Stuttgart 1975
Biere, Julien: Professionelle Dia-AV. Ein Handbuch, Schaffhausen 1988
Brandes, E./Nickel, H.W. (Hrsg.): Beiträge zu einer Interaktions- und Theaterpädagogik. Berlin 1971
Broich, J.: Rollenspiel mit Erwachsenen. Reinbek 1980
Brook, P.: Der leere Raum. Möglichkeiten des heutigen Theaters. München 1975
Budenz, T./Lutz, E.: Werkbuch für Scharadenspiele. München 1964
Budenz, T./Lutz, E.: Das Fünfzehnminutentheater. München 1976
Cordes, M.: Das Schattenspiel. Weinheim (o.J.)
Croy, O.: Perfekte Fototechnik, Seebruck/Chiemsee 1976
Dorpus, K.: Regie im Schul- und Jugendtheater. Weinheim 1970
Eckhardt, P./Stiegeler, A.: Das Planspiel in der politischen Bildung. Frankfurt 1973
Finke, U. u.a.: Spielstücke für Gruppen. München 1977
Freudenreich, D.: Das Planspiel in der sozialen und pädagogischen Praxis. München 1979
Freudenreich, D. u.a.: Rollenspiel. Hannover 1976
Garvey, C.: Spielen. Stuttgart 1978
Goffman, E.: Wir alle spielen Theater. München 1969
Gudjons, H.: Praxis der Interaktionserziehung. Bad Heilbrunn 1978
Guggenmos, J.: Theater, Theater. Recklinghausen 1974

Hamblin, K.: Pantomime – Spiel mit deiner Phantasie. Soyen 1978
Hardt, Ch.: Marionetten selbermachen. München 1980
Hoefnagels, L.: Handbuch des Maskenspiels. München 1952
Höper, C.-J. u.a.: Die spielende Gruppe. München 1974
Hubereich, P. u. U.: Spiele für die Gruppe. Heidelberg 1979
Jackson, S.: Marionetten, Kasperlefiguren, Theatergruppen. Stuttgart 1975
Kiegeland, B.: Fotografieren. Ein Handbuch für Hobbyfotografen.
  München 1980
Klewitz, M./Nickel, H. G. (Hrsg.): Kindertheater und
  Interaktionspädagogik. Stuttgart [2]1976
Kochan, B. (Hrsg.): Rollenspiel als Methode sprachlichen und sozialen
  Lernens. Lausanne 1974
Krause, A./Bayer, A.: Marionetten – entwerfen, gestalten, führen.
  Niedernhausen 1981
Krenz, A.: Spielliteratur – ein Verzeichnis ausgewählter
  Buchveröffentlichungen zum Themenbereich Spiel. Diakonisches Werk
  Schleswig-Holstein. Rendsburg [3]1985
Lechner, G.: Filmemachen mit Super-8, Reinbek 1977
Liederbuch. Hrsg. v. Student für Europa. Berlin 1978
Liederkiste. Hrsg. v. Student für Europa. Berlin 1977
Liedermagazin. Kassel 1977
Rhythms and Songs for Beginners. Stuttgart 1975
Marceau, M.: Die Weltkunst der Pantomime. Zürich 1972
May, R.: Der Mut zur Kreativität, Paderborn 1987
Meyer, W./Seidel, G.: Spielen und Darstellen. Band II. Hamburg 1978
Micovich, J.: Das 1 x 1 des Handpuppenspiels. Wuppertal 1977
Millar, S.: Psychologie des Spiels. Ravensburg 1973
Müller, R. (Hrsg.): Spiel und Theater als kreativer Prozeß. Handbuch der
  Kunst- und Werkerziehung. Band 2. Berlin 1972
Ney, U.: Moderne Schmalfilmpraxis, Niedernhausen 1977
Nickel, H.W.: Rollenspielbuch. Theorie und Praxis des Rollenspiels.
  Recklinghausen 1972
Prim, R./Reckmann, H.: Das Planspiel als gruppendynamische Methode
  außerschulischer Bildung. Heidelberg 1975
Purschke, H.R.: Liebenswerte Puppenwelt. Deutsche Puppenspielkunst
  heute. Hamburg 1962
Purschke, H.R.: Über das Puppenspiel und seine Geschichte, Frankfurt/M.
  1983
Rapp, E.: Die Marionette im romantischen Weltgefühl. Bochum 1964
Riha, K.: Commedia dell' arte. Frankfurt 1980
Rissmann, H.: Kabarett mit Jugendlichen. Tübingen 1966
Schedler, H. (Hrsg.): Kindertheater. Geschichte, Modell und Projekt.
  Frankfurt/M. 1972

Schreiner, K.: Puppen und Theater. Herstellung – Gestaltung – Spiel. Köln 1980

Schröpfer, W.: Ein-Mann-Puppentheater. München 1985

Shaftel, F. u. G.: Rollenspiel und soziales Entscheidungstraining. München 1976

Spiegler, N.: Das Leben spielen. Gütersloh 1978

Spitzing, G.: Filmen mit Video und Super-8. München 1983

Spitzing, G.: Fotopsychologie – Die subjektive Seite des Objektivs. Weinheim und Basel 1985

Thiesen, P.: Politische Bildung und Jugendarbeit. Eutin 1976

Thiesen, P./Cornils, V.: Pädagogisches Feld Jugendarbeit. Kiel [6]1980

Thiesen, P./Cornils, V.: Handbuch Jugendarbeit. München 1981

Thiesen, P.: Arbeitsbuch Spiel. München [3]1987

Thiesen, P.: Schlapplachtheater. Weinheim 1999

Ders.: Kreatives Spiel. München [2]1989

Ders.: Schönwetterspiele. Freiburg 1986

Tiemann, K.: Planspiele für die Schule. Frankfurt/M. 1969

Vopel, K.: Interaktionsspiele für Kinder. Hamburg 1978

Walter, D.: Musikinstrumente selbst gebastelt. Bern 1976

Wölfel, U.: Du wärst der Pieneck. Spielgeschichten – Spielentwürfe – Spielideen. München 1973

Zimmermann, E.: Wir spielen Schattentheater. Stuttgart 1979.

Kontakt und Kommunikation

Peter Thiesen

Fußdialog und Blickkontakt

Ungewöhnliche Interaktionsspiele für die Arbeit mit Jugendlichen und Erwachsenen

BELTZ
Taschenbuch

160 neue und bewährte Spiel- und Übungsangebote für die Erlebnisbereiche: Kennenlernen, sinnliche Wahrnehmung, körperlicher und sprachlicher Ausdruck, Kooperation, Bewegungserfahrung, Entspannung und Meditation.

Kontakt- und Kommunikationsspiele sind als Gruppen- und Paarspiele besonders geeignet, das Kennenlernen zu erleichtern. Sie ermuntern, Gedanken und Gefühle zu äußern, helfen festgelegte Verhaltensweisen bei sich selbst zu erkennen und zu ändern. Sie führen zur Steigerung der Sensibilität und bieten ein hohes Maß an Eigenaktivität, individueller Wertschätzung und Selbstbestätigung.

Ausgerüstet mit diesem »Werkzeugkasten« für die Seminar- und Gruppenarbeit werden sie interessante, erlebnisreiche und vielleicht sogar außergewöhnliche Stunden auslösen.

Peter Thiesen
Fußdialog und Blickkontakt
Ungewöhnliche Interaktionsspiele für die Arbeit
mit Jugendlichen und Erwachsenen
Mit Illustrationen von Barbara Hömberg
Beltz Taschenbuch 12, 112 Seiten
ISBN 3 407 22012 X
Originalausgabe

Der Phantasie freien Lauf

Peter Thiesen

Schlapplachtheater

Comedy mit Kindern, Jugendlichen und Erwachsenen

Selten gab es in den verschiedenen Fernsehprogrammen so viele Comedy-Sendungen wie heute. Gespielter Witz (Blackout), Parodie, Sketch, Satire und Kabarett haben Hochkonjunktur. Diese Reizüberflutung durch kommerzielle Spaßprofis weckt den Wunsch nach Möglichkeiten, selber »Comedy« zu machen und der eigenen Phantasie und Ausdrucksfähigkeit freien Lauf zu lassen. Hier sind über 200 Improvisationen, Stegreifspiele, Blackouts und Sketche, die sich zu Spielprogrammen, Workshops, Aufführungen und Comedy-Festen zusammenstellen lassen. Ein nützlicher Werkzeugkasten für zahlreiche Spielanlässe in Schüler-, Jugend- und Erwachsenengruppen.

Peter Thiesen
Schlapplachtheater
Comedy mit Kindern, Jugendlichen
und Erwachsenen
Mit Zeichnungen von Barbara Hömberg
Beltz Taschenbuch 37, 112 Seiten
ISBN 3 407 22037 5

Anstiftung zum Blödeln

Peter Thiesen

Camelbert und Cole Dosa

Die allerbesten Nonsensspiele für Schule, Jugendarbeit und Erwachsenenbildung

BELTZ Taschenbuch

Lachen ist gesund! Peter Thiesens Nonsensspiele sind eine spielerische Anstiftung zum Blödeln für Menschen ab zwölf Jahren aufwärts – wann immer sich Gelegenheiten bieten mögen. Das gesammelte, erdachte und kombinierte Angebot von über 170 Spielen ermöglicht unzählige vergnügliche Erlebnisse und Spielstunden, urige Sessions und Aktionen, verbale und optische Happenings, witzig-skurrile Talk-Shows, Dichterrunden und vieles mehr.

Ein prall gefüllter Werkzeugkasten für die freie Jugend- und Erwachsenenarbeit, ein Muntermacher für Phantasie und Kreativität und Balsam für die Seele.

Peter Thiesen
Camelbert und Cole Dosa
Die allerbesten Nonsensspiele für
Schule, Jugendarbeit und Erwachsenenbildung
Illustrationen von Barbara Hömberg
Beltz Taschenbuch 54, 112 Seiten
ISBN 3 407 22054 5

Phantasie und Kreativität

Peter Thiesen

Kartonwelten, Kuhkunst und Klangtunnel

Kreative Spiele für die Arbeit mit Kindern, Jugendlichen und Erwachsenen

BELTZ
Taschenbuch

Papier und Pappe, Karton und Krimskrams, da muss man doch einfach was draus machen! Videokamera, Fotoapperat, Kassettenrekorder, auch die fordern geradezu heraus. Material und Medien kitzeln die Kreativität. Und je variabler und weniger verarbeitet ein Material ist, desto stärker regt es die Phantasie an, desto vielfältigere Erfahrungen und Fertigkeiten lassen sich spielerisch erwerben. Hier sind 170 Vorschläge für originelle und ungewöhnliche Spiele mit Kindern und Erwachsenen. Spiele, die das Denken und die Gefühle bereichern, die Vorstellungskraft und den Erfahrungshorizont erweitern, die spannende Auseinandersetzung mit der Umwelt bieten.

Peter Thiesen
Kartonwelten, Kuhkunst und Klangtunnel
Kreative Spiele für die Arbeit mit Kindern,
Jugendlichen und Erwachsenen
Mit Illustrationen von Barbara Hömberg
Beltz Taschenbuch 10, 112 Seiten
ISBN 3 407 22010 3
Originalausgabe

BELTZ
Taschenbuch